REBEKKA REINHARD

Odysseus
oder
Die Kunst
des Irrens

REBEKKA REINHARD

Odysseus
oder
Die Kunst des Irrens

Philosophische Anstiftung
zur Neugier

LUDWIG

Verlagsgruppe Random House FSC-DEU-0100
Das für dieses Buch verwendete
FSC-zertifizierte Papier *EOS*
liefert Salzer Papier, St. Pölten, Austria.

Lektorat: Regina Carstensen, München

Copyright © 2010 der deutschen Ausgabe
by Ludwig Verlag, München,
in der Verlagsgruppe Random House GmbH
http://www.ludwig-verlag.de
Umschlaggestaltung: Eisele Grafik-Design, München
Satz: C. Schaber Datentechnik, Wels
Druck und Bindung: Pustet, Regensburg
Printed in Germany 2010

ISBN: 978-3-453-28017-5

*Für Roberto Saviano
und seinesgleichen*

PROTECT ME
FROM WHAT
I WANT

Jenny Holzer

Inhalt

Einleitung   13

I Was uns am Irren hindert

1   Achtung, Gefahr!
Erstes Hindernis: Vorsicht   23

Philosophisches Gedankenexperiment:
Ein Leben oder drei?   34

2   Narziss 2.0
Zweites Hindernis: Selbstverliebtheit   37

Philosophisches Gedankenexperiment:
Ich oder Ich?   50

3   Gut oder böse oder egal
Drittes Hindernis: Moralischer Relativismus   53

Philosophisches Gedankenexperiment:
Glück oder Pech?   67

4   Sisyphos oder die Absurdität alltäglicher Routine
Viertes Hindernis: Fantasielosigkeit   71

Philosophisches Gedankenexperiment:
Freiheit oder Bestimmung?   83

II Anstiftung zum Irren

5 **Irr**fahrten – von Odysseus zu Jack Bauer   89
Philosophisches Gedankenexperiment:
Schneller oder langsamer? 103

6 Dionysos und der King of Pop:
Der **Wirr**warr des eindeutig Mehrdeutigen   107
Philosophisches Gedankenexperiment:
Mensch oder Zombie? 120

7 Ver**wirr**ung der Geschlechter:
Von der Schwierigkeit, ein echter Mann
oder eine echte Frau zu sein   125
Philosophisches Gedankenexperiment:
Mehr oder weniger? 139

8 Medusa und die Medizin:
Ver**irr**ung an der Grenze des Lebens   143
Philosophisches Gedankenexperiment:
Früher oder später? 156

9 YPbPr-Ausgang oder HDMI-Buchse?
Irrsinn und Technik   161
Philosophisches Gedankenexperiment:
Sein oder Schein? 173

10 Der **Irr**tum vom geregelten Leben:
Gregor Samsa und andere Verweigerer   177
Philosophisches Gedankenexperiment:
Traum oder Wirklichkeit? 190

11 Das philosophische **Irr**en:
Für eine Neuorientierung in der Ethik   193

Philosophisches Gedankenexperiment:
Göttlich oder teuflisch?   204

Epilog
Ende der **Irr**fahrt – und Neubeginn   209

Literatur   221

Webadressen   235

Danksagung   237

Bildnachweis   239

Einleitung

In unsicheren Zeiten ist Sicherheit ein hohes Gut. Wir alle wünschen uns einen sicheren Arbeitsplatz, eine garantierte Rente, einen verlässlichen Partner. Etwas, das durch alle Veränderungen hindurch gleich bleibt. Etwas, das Halt gibt. Doch nichts bleibt, wie es ist. Kaum glauben wir, alles im Griff zu haben, beginnen auch schon wieder die Probleme. Unser liebevoller Partner erweist sich auf einmal als Hypochonder. Unser einst so handsames Kind kommt in die Pubertät. Der feste Job scheint von einem Tag auf den anderen gefährdet zu sein. Was, wenn wir plötzlich ohne Arbeit dastehen? Was, wenn wir an Krebs erkranken?

Wir sind verunsichert. Die Dinge drohen uns zu entgleiten. Wir wollen die Kontrolle zurück. Das Ungewisse liegt uns nicht. Wir fürchten uns vor dem Scheitern. Wir wollen nicht vom Kurs abkommen. Wir wollen keine Seefahrer sein, den Weiten des Ozeans ausgeliefert. Irrtümer und Fehlschläge sind in unserer Planung nicht vorgesehen. Wir wollen alles richtig machen. Wir haben vor, auf direktem Wege und schnellstmöglich unsere Ziele zu erreichen. Arbeit, Familie, Gesundheit, geregeltes Einkommen. Bloß keine Experimente. Bloß auf dem Teppich bleiben. Visionen und Träume sind zwar romantisch, führen aber zu nichts.

Unser Vertrauen in die Zukunft ist nicht gerade überwältigend. Dass wir uns in der Vergangenheit ständig mit irgendwelchen unerwarteten Problemen herumplagen mussten, lässt darauf schließen, dass auch unser künftiges Dasein kein Spaziergang sein wird. Deshalb sind wir, anstatt Wagnisse einzugehen und unbekannte Terrains zu erobern, lieber vorsichtig. Wir beschränken uns darauf, das schon Bekannte zu optimieren und zu perfektionieren. Wir wollen nichts anderes, als unser Leben immer noch effizienter und effektiver zu gestalten und unliebsamen Ungewissheiten den Garaus zu machen. Den Rest der Zeit verbringen wir damit, uns zu amüsieren.

Auf diese Weise behindern wir uns allerdings selbst darin, herauszufinden, warum wir eigentlich hier sind und was der Sinn des Lebens sein könnte. Könnte der Sinn des Lebens darin bestehen, unser Zeitmanagement zu verbessern? Schadensbegrenzung zu betreiben? Möglichst viel Spaß zu haben? Oder die Welt ein wenig klüger, aber auch viel staunender zu verlassen, als wir sie betreten haben?

Als Philosophin begegnen mir diese Fragen tagtäglich – nicht nur in Büchern, sondern auch in Gesprächen mit Menschen, die in meine philosophische Beratungspraxis kommen oder die ich in der Klinik besuche, um ihnen die Philosophie als »Heilmittel« an die Hand zu geben (wie die Leser der *Sinn-Diät* wissen). Meiner Meinung nach ist Philosophie wertlos, wenn sie uns nicht hilft, gut zu leben, wie widrig die Umstände auch sein mögen. So unterschiedlich meine Gesprächspartner sind – gesund oder krank, jung oder alt, studiert oder nicht studiert, gut verdienend oder weniger gut verdienend –, so verschieden die Lebensläufe. Und doch sind ihre Anliegen letztlich immer die gleichen. Sie möchten wissen, was Glück ist, und Klarheit darüber gewinnen, wer sie sind und wofür sie leben.

Immer wieder fällt mir auf, wie unerträglich es die meisten meiner Klienten finden, im Ungewissen zu sein. Egal ob die jeweilige Ungewissheit mit einer komplizierten familiären Situation zu tun hat, mit dem Beruf oder mit einer Krankheit: Kaum jemand kann der Tatsache, dass nicht alle Probleme eine Lösung haben, etwas Positives abgewinnen. Man stuft das Herumirren im Ungewissen meist als Zeitverschwendung und überflüssigen Kostenfaktor ein. Man verlangt sofort nach einem Experten – einem Coach oder einem Therapeuten –, der einen möglichst noch gestern aus der unerträglichen Lage befreien soll. Interessanterweise ist die Unfähigkeit, mit dem Ungewissen umzugehen, nie nur aus der Biografie der Betroffenen, zum Beispiel aus einer schwierigen Kindheit heraus, zu erklären. Sie hat auch sehr viel mit einer Zeit zu tun, in der Lösungsorientiertheit der Weisheit letzter Schluss zu sein scheint, in der wir von klein auf eingeschworen sind auf Effizienz und Effektivität und systematisch darauf abgerichtet werden, Unwägbarkeiten auszuschalten. Die Ironie dabei besteht natürlich darin, dass dies unmöglich ist – weil das Leben nun einmal *per definitionem* unwägbar ist. Und das ist auch gut so. Denn wäre unsere Existenz ohne all ihre faszinierenden Wendungen nicht schrecklich trostlos?

Immer wieder stelle ich fest, wie hilfreich es für meine Gesprächspartner ist, die eigene Situation im Kontext unserer Zeit zu begreifen. Wem es ferner gelingt, sich und seine Probleme aus einer weiteren, philosophischen Perspektive zu betrachten, für den bekommt das scheinbar Unaushaltbare plötzlich eine ganz andere Qualität. Ich meine eine Perspektive, aus der das Umherirren im Ungewissen nicht wie eine Schuld oder eine Strafe erscheint, sondern als eine *Kunst*.

Dieses Buch ist ein Plädoyer für mehr Mut und Neugier in einer Zeit der Zukunftsangst, der Lösungsorientiertheit und des Berechenkeitswahns. Es lädt Sie ein, sich ein Beispiel am antiken Helden Odysseus zu nehmen, sich auf Nicht-Alltägliches und Befremdliches einzulassen, Grenzsituationen ins Auge zu sehen, Mut zur eigenen Unvollkommenheit und sogar zum Scheitern zu entwickeln. Warum? Weil wir eben nie direkt, sondern erst durch Umwege, manchmal auch durch Abwege, zu uns selbst finden können. Weil wir nur durch die Begegnung mit dem Fremden und Unvorhersehbaren herausfinden können, wo unser Platz in der Welt ist und was Menschsein und Menschlichkeit wirklich bedeuten. Und natürlich, weil das, was gerade *nicht* leicht zu verstehen, einzuordnen, in den Griff zu bekommen ist, das eigentlich Spannende am Leben ist.

Der erste Teil des Buchs widmet sich der Analyse des vorherrschenden Zeitgeists, der uns daran hindert, das Irren als eine Kunst zu begreifen. Es geht darum, wie die durch immer neue Schreckensmeldungen geförderte Kultur der Angst unsere Lebenshaltung beeinflusst (Kapitel 1); was Haltlosigkeit und Desinteresse an der Welt mit Selbstverliebtheit zu tun haben (Kapitel 2); warum wir uns davor scheuen, in Fragen der Moral Verantwortungsbewusstsein zu zeigen (Kapitel 3); und inwiefern uns unsere Fantasielosigkeit davon abhält, aus der alltäglichen Routine auszubrechen (Kapitel 4). Diese Analyse soll keine erschöpfende Beschreibung der heutigen Lebenswirklichkeit sein, sondern ein paar wichtige Anregungen liefern, um sie besser zu verstehen.

Der zweite Teil stellt dann die eigentliche literarisch-philosophische Irrfahrt dar. Hier können Sie in Begleitung verschiedener mythologischer Figuren das kunstvolle Irren erproben. Sie lernen das Irren in all seinen Aspekten kennen:

- umher**irr**en
- sich **irr**en
- **irr**itiert sein
- ver**wirr**t sein
- in die **Irre** gehen
- **irr**e sein

Sie begegnen einem ganzen Kaleidoskop merkwürdiger und verblüffender Phänomene aus vielen unterschiedlichen Bereichen, von der Kunst über die Medizin bis hin zur Popkultur. Eine philosophische Sichtweise auf die Dinge entwickeln heißt immer auch, das Alte, Vorgefundene, Kanonisierte in Dialog mit dem Neuen, noch nicht abschließend zu Bewertenden treten zu lassen. So trifft in Kapitel 5 der homerische Odysseus auf den Helden einer TV-Serie: Jack Bauer aus *24*. Ein ungleiches Paar, und doch gibt es Gemeinsamkeiten. Beide ermutigen uns, auf Irrfahrt zu gehen und der Versuchung zu widerstehen, die Kostbarkeit des Lebens mit seiner »Planbarkeit« zu verwechseln. Und sie zeigen uns, was es bedeutet, in der Auseinandersetzung mit Grenzerfahrungen eine stabile, ebenso unverwechselbare wie gemeinschaftsfähige Identität zu entwickeln.

Kapitel 6 widmet sich Dionysos, dem Gott des Weines, der das Mehrdeutige schlechthin verkörpert: Weisheit und Wahnsinn, Fremdes und Vertrautes, Männliches und Weibliches gleichermaßen. Er fordert uns auf, das vermeintlich Eindeutige, Rationale und Normale kritisch zu hinterfragen. Als zeitgenössischer Repräsentant des dionysischen Wirrwarrs wird Michael Jackson vorgestellt.

In Kapitel 7 wird die Frage untersucht, was die »Echtheit« eines Mannes beziehungsweise einer Frau ausmacht. Denn nicht für jede(n) ist die Geschlechtlichkeit eine klare Sache. Die verwirrenden Phänomene der Inter- und Transsexualität laden uns ein, zu fragen, wie sehr unsere eigene Identität (ausschließlich) von biologischen, medizinischen und sozialen Normen bestimmt wird – was wir jenseits dieser Normen wirklich sind oder sein könnten. Eine künstlerische Annäherung an diese Fragen finden wir im Werk von Cindy Sherman.

Kapitel 8 handelt vom größten Rätsel unseres Lebens: dem Tod. Die Maskengöttin Medusa lässt jeden, der sie anschaut, für immer versteinern. Der Medusa-Mythos erinnert daran, dass der Tod ein Respekt gebietendes Geheimnis ist, gegen das wir trotz aller medizinischen Fortschritte bis heute keine Chance haben. Eine Kostprobe des irritierenden Nie-mehr-

Wieders liefert Leo Tolstoi mit seiner Erzählung *Der Tod des Iwan Iljitsch.*

In Kapitel 9 geht es nicht nur um die Tatsache, dass die Perfektion unserer technischen Apparate im Widerspruch zu unserer eigenen Unvollkommenheit steht, sondern auch darum, wie wir uns zu dem Irrsinn, der gleichsam mit den Geräten mitgeliefert wird, verhalten sollen. Es geht um die Frage, wie wir uns in einer Zeit, in der nicht mehr der Mensch, sondern das iPhone das Maß aller Dinge zu sein scheint, eine kreative Lebenshaltung zurückerobern können, die uns letztlich mehr hilft, durch unsere unübersichtliche Welt zu navigieren, als es technisches Equipment allein je könnte.

Kapitel 10 befasst sich mit der Welt der literarischen Rätsel, die sich unserem Realitätssinn verweigern. Geschichten von Nathaniel Hawthorne, Herman Melville und Franz Kafka, die das geregelte Leben als Irrtum entlarven, machen Mut, uns von der (Angst und Stress erzeugenden) Fixierung auf Wahrscheinlichkeiten zu lösen und mit dem Unwahrscheinlichen zu rechnen.

Kapitel 11 stellt die Kunst des philosophischen Irrens am Beispiel von Ludwig Wittgenstein und Emmanuel Lévinas vor. Für Wittgenstein und Lévinas ist die Begegnung mit einem anderen Menschen, einer fremden Sichtweise immer eine Mahnung, die Begrenztheit unserer Erkenntnismöglichkeiten zu akzeptieren – und dennoch stets zu versuchen, gegen diese Grenze anzurennen, sich mit dem Anderen und Fremden zu befreunden und sich von ihm bereichern zu lassen.

Der Epilog gibt noch einige letzte Anregungen für unsere ganz persönliche Irrfahrt durchs Leben. Wenn wir zurückschauen und uns überlegen, was wir von unserer Vergangenheit in die Zukunft mitnehmen sollten, kommen wir an der stoischen Lebenskunst nicht vorbei: Laut Marc Aurel ist es unerlässlich, das Leben als Experiment, als Übung zu betrachten, zu dessen Gelingen wir gemeinschaftlich beitragen können – und eben nicht als mit Expertenhilfe zu lösendes »Problem«.

Es hat keinen Sinn, das Irren wie ein lästiges Störelement von der Agenda zu streichen. Das Ignorieren des Andersartigen, Undurchsichtigen, Verwirrenden hilft uns nicht, unsere Ängste loszuwerden.

Hören wir auf, uns zu fürchten. Legen wir unsere Zögerlichkeit ab wie einen alten Hut. Erweitern wir unseren Horizont! Begreifen wir das Irren als eine Kunst. Üben wir die Kunst des Irrens neu ein und lernen das Leben von seiner aufregendsten Seite kennen – der unvorhersehbaren. Wenn Sie es satt haben, dem Leben immer nur passiv gegenüberzustehen, wenn Sie sich neu orientieren wollen, aber nicht wissen wie, wenn Sie sich derzeit in einer Situation befinden, die Ihnen unerträglich erscheint, finden Sie in diesem Buch einen guten Begleiter. Es ruft Sie auf, sich von der gewohnten Perspektive zu lösen und Mut, Neugier und die Fähigkeit, mit dem Ungewissen umzugehen, als unerlässliche (Über-) Lebenskompetenzen wiederzuentdecken. Es regt Sie an, Ihre möglicherweise etwas einseitigen Meinungen über sich selbst einer kritischen Prüfung zu unterziehen. Es verschafft Ihnen viele neue Einsichten über die staunenswerte Vielfalt des Lebens – eine Vielfalt, die Sie vor lauter Alltagssorgen vielleicht etwas aus den Augen verloren haben. Und es inspiriert Sie nicht nur, mutiger zu werden, sondern auch toleranter, konfliktfähiger, kurz: gemeinschaftsfähiger. Gemeinschaft entsteht nicht von selbst. Wahre Gemeinschaft verlangt neben der Identifikation mit dem »Unsrigen« immer auch das Befreunden mit dem Fremden und Befremdlichen.

Am Ende jeden Kapitels finden Sie ein *Philosophisches Gedankenexperiment*. Hier sind berühmte, viel diskutierte Probleme der Ethik, der Metaphysik, der Logik und anderer Gebiete versammelt, die nicht nur theoretisch interessant sind, sondern Ihnen auch helfen, Ihr Leben aus neuen Blickwinkeln zu betrachten (siehe hierzu auch das kommentierte Literaturverzeichnis mit ausgewählten Lösungsversuchen bekannter Philosophen). Sie sind aufgerufen, sich im gedanklichen Irren zu üben, mögliche Lösungen zu erproben und dabei immer wieder an die Grenzen Ihrer Verstandeskraft zu stoßen: Wie kann es sein, dass eine Schildkröte schneller rennt als der schnellste Athlet? Warum sorgen wir uns, dass wir nach unserem Tod nicht mehr sind, während uns die Tatsache, dass wir ja auch vor unserer Geburt nicht existierten, viel weniger berührt? Inwiefern ist unsere Einschätzung, ob ein Mensch gut oder böse ist, von äußeren Umständen, von bestimmten glücklichen Zufällen abhängig? Besitzen alle Menschen ein »Ich« – oder sind unter den uns umgebenden Personen auch Roboter in Menschengestalt? Versuchen Sie es selbst herauszufinden. Sie werden feststellen, dass es in jedem Fall mehr auf die Fähigkeit ankommt, erst einmal die richtigen Fragen zu stellen – als darauf, sofort die (vermeintlich) richtige Antwort parat zu haben. Dass Ungewissheiten, Mehrdeutigkeiten und Widersprüche nicht ohne Schaden »wegrationalisiert« werden können – in der Philosophie ebenso wenig wie im wirklichen Leben.

I

Was uns am Irren hindert

Denn, glaubt es mir! – das Geheimnis,
um die größte Fruchtbarkeit
und den größten Genuss vom Dasein einzuernten heißt:
gefährlich leben! Baut eure Städte an den Vesuv!

FRIEDRICH NIETZSCHE

1 Achtung, Gefahr!
Erstes Hindernis: Vorsicht

Unsere Zukunft ist unsicher. Wir können uns auf nichts mehr verlassen. Wozu sollen wir uns eigentlich noch anstrengen? Wozu überhaupt noch etwas leisten und investieren? Der Sozialstaat ist am Ende. Die Klimakatastrophe naht. Unsere Kinder werden zu Tyrannen. Wir verblöden angeblich hemmungslos. Von allen Seiten überhäuft man uns mit Schreckensmeldungen, mit *breaking news*.

Die Lage scheint prekär. Überall lauern Terroristen, Bakterien und Börsenmakler. Hilflos müssen wir zusehen, wie sich ein Milliardeneuroloch ans nächste reiht. Was sollen wir tun? Wir tauschen unser Geld in Gold um. Wir erneuern unsere Grippeimpfung. Obwohl der Winter auch nicht mehr das ist, was er einmal war. Laue Winde zur Weihnachtszeit zeigen an, dass die globale Erwärmung nicht mehr zu leugnen ist. Kein Anlass zur Beruhigung. Funk und Fernsehen rufen stündlich ein neues Drama aus. Triebtäter werden viel zu früh aus dem Maßregelvollzug entlassen. Die Zahl der Krebserkrankungen steigt. Die der gehackten Passwörter und Trojanischen Pferde auch. Und im Jemen wurden schon wieder Touristen entführt.

Trotz aller Schrecknisse sind wir weit davon entfernt, uns unsere gute Stimmung verderben zu lassen. Wir mögen langsam verblöden, aber noch funktionieren unsere grauen Zellen ganz gut. Natürlich glauben wir nicht alles, was die Medien uns weismachen wollen. Schweinegrippe: eine Pandemie? Was soll's. Den Rinderwahn haben wir ja auch überlebt. Al-Qaida auf dem Oktoberfest? Weibliche Hormone im Trinkwasser, männliche Babys mit verkümmerten Hoden? Meldungen wie diese können uns nicht schocken. Hiobsbotschaften sind unser täglich Brot. Unser Kreislauf bleibt stabil. Auch wenn wir hören, dass schon wieder eine Air-France-Maschine abgestürzt ist.

Wir sind höchstens ein bisschen vorsichtig. Ein bisschen Vorsicht hat noch keinem Menschen geschadet. Es ist uns nicht ganz egal, wo wir unsere Lebensmittel besorgen. Im Bio-Markt ist zwar alles etwas teurer, dafür ist das Einkaufen hier irgendwie beruhigender. Wo »Bio« draufsteht, wird schon hoffentlich »Bio« enthalten sein. Oder? Nur weil wir uns weigern, unser Kind nur eine Sekunde unbeaufsichtigt zu lassen, sind wir noch lange nicht hysterisch. Im Gegenteil: Wir sind bloß vernünftig. Deshalb kämen wir auch nie auf die Idee, uns vor etwas so Diffusem wie Elektrosmog zu fürchten. Wir gewöhnen uns nur an, elektronische Geräte von unserem Schlafplatz fernzuhalten. Genauso wie wir es uns zur Gewohnheit gemacht haben, Vitamine zu substituieren. Schließlich liegt uns unsere Gesundheit am Herzen. Die unsrige und die unserer Lieben. Wenn unser Jüngster nicht krabbelt, lassen wir ihn untersuchen. Obwohl wir wissen, dass die Krabbelphase für eine gesunde Entwicklung des Menschen nicht unabdingbar ist. Nur zur Sicherheit. Weil wir uns dann besser fühlen. So lange, bis ein neues, bisher noch gar nicht bedachtes Risiko auftaucht.

Mögliche und tatsächliche Gefahren scheinen uns in etwa deckungsgleich. Eine *tatsächliche Gefahr* ist wirklich. Wie ein

Geisterfahrer, der mit zweihundert Stundenkilometern Kurs auf unseren Smart nimmt. Eine *mögliche Gefahr* besteht im Bereich des Möglichen. Und was möglich ist, kann schnell wirklich werden. Also ist eine mögliche Gefahr genauso konkret wie eine tatsächliche. Zumindest potenziell. Oder?

Heute dürfen sich nur noch Extremsportler freiwillig Gefahren aussetzen. Bei Reinhold Messner oder Lewis Hamilton finden wir es okay, wenn sie freiwillig ihr Leben riskieren, um anschließend ein Buch zu schreiben oder einen Pokal küssen zu können. Ansonsten hat Mut zum Wagnis für uns selten den Beiklang von Heldentum. Was sich zum Beispiel der Isländer Leif Eriksson dabei dachte, als er um das Jahr 1000 mit fünfunddreißig Männern von Grönland aus mit einem aus heutiger Sicht sicher sehr wackligen Boot aufs offene Meer hinaussegelte, weiß der Himmel. Auch wenn er am Ende angeblich – vor Kolumbus – Amerika entdeckte. Glück gehabt. Es hätte ja auch ganz anders enden können. In unserer Welt, in unseren Breiten weht ein anderer Wind. Hier werden Risiken nicht auf sich genommen, sondern ausgeschaltet. Ob mögliche oder tatsächliche.

Götterzorn, Hungersnöte, Pest und Cholera: Die fast schon rührend anmutenden Gefahren früherer Zeiten sind passé. Eine Kriegsbedrohung kennen wir nicht, unsere letzte Revolution war friedlich. Das, was uns beschäftigt, ist viel abstrakter und komplizierter. Die Wagnisse, mit denen wir es zu tun haben, sind auf seltsame Weise greifbar und ungreifbar zugleich. Sie werden von Ökonomen, Physikern, Genetikern, (Mikro-)Biologen, Hirnforschern und anderen Experten berechnet und dann durch alle möglichen, neuerdings drahtlosen Verbindungen in unser Wohnzimmer gebeamt. Die Kalkulation von Risiken ist heute Sache der Wissenschaftler. Dies hat den Vorteil, dass wir nicht mehr alle Erfahrungen selbst machen müssen. Wir müssen uns nicht mehr jahrelang von Himbeershakes und Pommes ernähren, um erstaunt festzustellen, dass unsere Hosen immer enger werden. Wir brauchen nur die Zeitung aufzuschlagen. Schon wissen wir, welche Speisen hochkalorisch und cholesterinhaltig sind, und können die Gefahren der Fettleibigkeit und des Bluthochdrucks umgehen.

Dieses Wissen hat allerdings den Nachteil, dass es unvollständig, nie endgültig ist. Denn die Wissenschaftler rollen sich meist nicht auf ihrem Sofa ein, nachdem sie eine bahnbrechende Entdeckung gemacht haben. Eher neigen sie dazu, unruhig zu werden und weiter zu forschen. Kaum haben sie die wahrscheinlichkeitstheoretischen Grundlagen der Ökonometrie geschaffen, untersuchen sie schon intertemporale Zielkonflikte in makroökonomischer Politik. Kaum gelingt es ihnen, Versuche nahe dem absoluten Nullpunkt durchzuführen, analysieren sie schon Supraleiter erster und zweiter Art. Kaum haben sie die Geheimnisse embryonaler Stammzellen und der DNA-Rekombination bei Säugetieren entschlüsselt, finden sie heraus, wie Chromosomen durch Telomere geschützt werden. Unstet wie sie sind, mehren sich ihre Erkenntnisse mit einer unglaublichen Geschwindigkeit. Nicht nur die Erkenntnisse über die Zusammenhänge von Mensch und Natur, sondern ebenso über mögliche Nach- und Nebenwirkungen dieser Zusammenhänge.

Wenn wir von einem neuen Risiko erfahren, dann meist aus den Medien, die uns das gewaltige Fachwissen in leichter verdaulichen Häppchen zuführen. Rätseln wir zum Beispiel, warum wir ständig müde sind, brauchen wir nur ein wenig zu googeln – und schon haben wir die Lösung. Die Wahrscheinlichkeit ist groß, dass wir wie siebzehn Millionen andere unter einem chronischen Erschöpfungssyndrom leiden. Wir belesen uns über die Symptome dieses Syndroms (Kopf- und Muskelschmerzen, Konzentrations- und Gedächtnisstörungen) und sind plötzlich hellwach. Unsere Beschwerden könnten mit einem Retrovirus zusammenhängen. Dieses Virus gehört zu den Xenotropic-murine-leukemia-Viren, die wiederum Prostatakrebs mit verursachen, und könnte im Organismus jedes fünfundzwanzigsten Amerikaners stecken.

Das heißt für uns: Wenn wir ein Erschöpfungssyndrom haben, haben wir möglicherweise auch bald Prostatakrebs – jedenfalls wenn wir ein Mann sind. Was uns nur bedingt beeindruckt und nicht unbedingt überzeugt. Bei dem ungeheuren Tempo des wissenschaftlichen Fortschritts könnte sich diese Erkenntnis ja schon bald als Irrtum erweisen – und von einem neuen, gar gegenteiligen Forschungsergebnis verdrängt werden. Sollten wir uns dennoch hinreißen lassen, uns der These von unserem möglicherweise bald eintretenden Prostatakrebs anzuschließen, tun wir dies nicht, weil wir *wissen*, dass diese These richtig ist. Wir *glauben* es nur. Und recht viel mehr als glauben können wir auch gar nicht, wenn es um Fachwissen geht. Denn dieses Wissen ist nicht nur in kryptische Formeln und laienfeindliche Kurven gefasst. Es ist auch ein Wissen, das unserer Alltagserfahrung der Welt widerspricht und sie auf gespenstische Weise untergräbt.

Wissenschaftliche Erkenntnisse tragen zur Verlängerung unseres Lebens bei, aber sie verlängern auch die Liste lebensbedrohlicher Risiken. Je mehr die Wissenschaft unseren Alltag bestimmt, desto mehr erscheint uns die Welt, in der wir leben, wie ein Trugbild: Ein Pfirsich vom Supermarkt ist kein Supermarktpfirsich, sondern auf einmal ein toxisches Objekt. Die Luft ist nicht lau, sondern, je nach Witterung, CO_2- oder CO_3-geschwängert. Ständig sehen wir uns gezwungen, unsere Wahrnehmung zu korrigieren. Ein Zappelphilipp ist kein Zappelphilipp, sondern ein Minderjähriger mit ADHS. Und wir müssen es glauben, wollen wir nicht als Höhlenmenschen gelten.

Auf allen Kanälen sprechen Fachleute zu uns, und wir übernehmen ihr Vokabular. Hoch im Kurs stehen stets das internistische und psychiatrische Begriffsrepertoire. Mit Leichtigkeit kommen uns Worte wie Bypass, Burn-out oder Borderline über die Lippen. Zwar wissen wir nicht immer, was genau damit gemeint ist, aber darauf kommt es auch meist nicht an. Wichtig ist nur, sich rechtzeitig zu wappnen und Maßnahmen zu ergreifen. Wenn wir die Bedrohung beim Namen nennen können, sind wir wenigstens *up-to-date*. Welche Gefahr jeweils am aktuellsten und brennendsten ist, bestimmen die Medien – denen es um Quote und Auflage geht. Wenn eine medizinische Fachzeitschrift von einer Studie über das erhöhte Krebsrisiko von Menschen berichtet, die in der Nähe von Atomkraftwerken arbeiten, und zeitgleich eine andere Studie veröffentlicht wird, die das Gegenteil beweist, ist für den Sensationsjournalisten alles klar. Natürlich lässt er die zweite Studie unter den Tisch fallen und konzentriert sich leidenschaftlich auf die erste. Je grauenerregender die Menetekel, desto größer der Entertainment-Faktor. Je apokalyptischer das Gefahrenszenario, desto unmöglicher erscheint es uns. Schlagzeilen wie »Noro-Virus legt Berlin lahm«, »Riesen-Meteorit bedroht Menschheit« oder »Wasserknappheit – bald müssen wir verdursten!« lassen uns nur kurzzeitig erschauern. Wir versuchen die Bedrohung einfach wegzulachen. Denn was uns amüsiert, kann uns nicht töten. Oder?

Selbstverständlich sind wir weit davon entfernt, jede mögliche Gefahr ernst zu nehmen. Deshalb aber weniger vorsichtig zu sein, wäre uns zu riskant. Wir wollen schließlich nicht, dass uns etwas *wirklich* Schlimmes passiert. Etwas, das uns wirklich Angst machen würde. Deshalb halten wir an der bestehenden Ordnung fest, die vorsieht, das Mögliche unschädlich zu machen. Deshalb haben wir Krankenversicherungen,

Pflegeversicherungen, KfZ-Versicherungen, Haftpflichtversicherungen, Unfallversicherungen, Rechtsschutzversicherungen, Hausratversicherungen, Berufsunfähigkeitsversicherungen, Reiseversicherungen, Gebäudeversicherungen, Lebensversicherungen. Nur eine Todesversicherung haben wir nicht. Sterben müssen wir nach wie vor ganz allein, mit allen Risiken, die das Ableben mit sich bringen könnte: Fegefeuer, Hölle, Wiedergeburt als Regenwurm. Leider sind mittlerweile auch unsere Versicherungen nicht mehr sicher. Auf staatliche Fürsorgemaßnahmen ist aufgrund kontinuierlich wachsender Milliardeneurodefizite kein Verlass mehr, und auch von den privaten hört man nicht nur Gutes. Beängstigend.

Wir glauben, Angst sei bloß ein unangenehmes Gefühl, dem man vorbeugen kann. Das man ausschalten kann. Etwa durch den Kauf von Gold. Durch die Einnahme von Spurenelementen. Durch eine Therapie. Angst ist jedoch viel mehr – ein wesentlicher Bestandteil unserer Existenz. Gegen diese Form der Angst ist kein Kraut gewachsen. Keines unserer ausgefeilten modernen Schutzsysteme könnte sie je eindämmen. Durch sie erfahren wir die Unbestimmtheit unseres Schicksals. Dies ist jedenfalls die Auffassung des Existenzphilosophen Martin Heidegger (1889–1976). Er nennt Angst eine Grundbefindlichkeit des Menschen:

Befindlichkeit, so wurde früher gesagt, macht offenbar, »wie einem ist«. In der Angst ist einem »*unheimlich*«. Darin kommt zunächst die eigentümliche Unbestimmtheit dessen, wobei sich das Dasein in der Angst befindet, zum Ausdruck: das Nichts und Nirgends. Unheimlichkeit meint aber dabei zugleich das Nicht-zu-Hause-Sein ... Die alltägliche Vertrautheit bricht in sich zusammen.

Heidegger spielt hier auf das althochdeutsche Wort »heimilīch« – »zum Hause gehörig« – an. Im Mittelhochdeutschen meint heimlich auch »vertraut« und »einheimisch«. Das Unheimliche an der Angst ist also, dass sie uns aus den vertrauten Bezügen herausreißt. Sie verfremdet die wohlbekannte Welt und macht uns heimatlos, wo immer wir uns befinden. In der Waschanlage, im Waxing-Studio, in der Küche. Während wir Möhren schälen. Die Angst hat weder mit Deflation noch mit sinkenden Exporten etwas zu tun. Sie ist einfach immer schon da.

Was lässt sich aus dieser philosophischen Einsicht folgern? Die Angst geht jeder Bedrohung, jeder Gefahr voraus. Einfach deshalb, weil das menschliche Dasein an sich beängstigend offen und ungewiss ist. Wir haben Angst, weil wir Menschen sind und nicht, weil dieses oder jenes Risiko ansteht.

Es besteht ein großer Unterschied zwischen der *Grundbefindlichkeit Angst* und der *Lebenseinstellung Vorsicht*. Wir Vorsichtigen hüten uns davor, Opfer zu werden. Wenn wir zur Gruppe derjenigen zählen, für die das H1N1-Virus besonders gefährlich ist, empfinden wir dies als eine große Ungerechtigkeit. Wenn wir uns dann tatsächlich die Schweinegrippe einfangen, haben wir das Gefühl, eine Strafe für eine Sünde zu empfangen, die wir gar nicht begangen haben. Als seien wir unschuldig zum Tode verurteilt worden. Die Tatsache eines Risikos ebenso wie die Tatsache eines auf diese Gefahr folgenden Unglücks wird mit einem moralischen Urteil gleichgesetzt. Und dies gilt nicht nur im Bereich Gesundheit, sondern auch in der Wirtschaft, der Erziehung, überhaupt auf allen gefährlichen Gebieten. Was natürlich zur Folge hat, dass wir noch vorsichtiger werden. Wir versuchen, unsere Kontrolle über das Leben so weit wie möglich auszudehnen. Nur nicht vom Weg abkommen, nur nicht scheitern. Wir wollen uns nicht anklagen müssen: »Du bist schuld daran, dass deine Ehe den Bach runterging. Hättest du rechtzeitig eine Paartherapie gemacht, wäre das Schlimmste nicht eingetreten. Du bist schuld, dass du entlassen wurdest. Hättest du die Zeichen der Zeit erkannt und dein Business-Englisch aufpoliert, wäre das nicht passiert. Du bist selbst schuld, dass du dein Examen nicht bestanden hast, dass dein Kind dich tyrannisiert, dass du ständig Magenbeschwerden hast, dass deine Aktien im Keller sind. Dein anfangs so vielversprechender Lebenslauf ist in eine Katastrophe gemündet. Du bist am Ende. Bald werden sie dich in eine geschlossene Abteilung einweisen.«

Durch die ständig drohende Möglichkeit, Opfer eines Schicksalsschlags oder, schlimmer noch, der eigenen Unfähigkeit zu werden, verlieren wir Vorsichtigen deutlich an Spontaneität. Wo es ständig etwas zu bedenken gibt, sind Mut, Beherztheit, Unverzagtheit, Zivilcourage rar. Wir trauen uns immer weniger zu. Da uns jederzeit, schuldlos oder selbstverschuldet, etwas Unangenehmes zustoßen könnte, versuchen wir oft erst gar nicht mehr, Probleme selbst zu lösen – und Risiken sind für uns Probleme. Wir suchen Rat bei Experten. Nicht bei den Wissenschaftlern, versteht sich, sondern bei Beratern, die aus dem unverständlichen Fachjargon praxisbezogene, in Seminaren, Coachings und Ratgebern leicht zu vermittelnde Lehren destillieren. Finanzberater, Versicherungsberater, Ernährungsberater, Stilberater, Stillberater und viele mehr sagen uns, was im je konkreten Fall zu tun ist.

Hier könnten wir natürlich Einspruch erheben. Wir könnten darauf hinweisen, dass wir ohne Berater ja völlig haltlos wären. An wen sollen wir uns denn sonst wenden, nachdem sich die Traditionen aufgelöst haben? Wenn es keine von Fürsten, Pfarrern oder Großmüttern kostenlos zur Verfügung gestellte, allseits akzeptierte Verhaltensmaßregeln mehr gibt? Andererseits: Hätten wir rückblickend nicht doch auf diese oder jene Beratungsleistung verzichten können? Gab es in dem einen oder anderen Fall nicht weniger einen gro-

ßen Bedarf als eine große Nachfrage an Risikominimierung?
Und: Gab es das Gefahrenpotenzial tatsächlich?

Der britische Kinder- und Jugendtherapeut Adam Phillips
erzählt die Geschichte von einem Mullah, der vor seinem
Londoner Haus steht und Maiskörner auf die Straße streut.
Ein Passant fragt ihn, weshalb er das tue. »Um die Tiger von
meinem Haus fernzuhalten«, sagt der Mullah. Es gebe hier
aber doch gar keine Tiger, bemerkt der Passant. »Eben«, sagt
der Mullah, »es funktioniert!«

Im Zweifelsfall bleibt die Frage, ob wir die Dinge nun auch
ganz allein in den Griff bekommen hätten oder nicht, immer
unentschieden. Am Ende müssen wir uns auf den Experten-
rat selbst einen Reim machen. Am Ende müssen wir mit der
Ungewissheit des Lebens selbst fertig werden.

Kehren wir noch einmal zu Heidegger zurück. Er sagt:
Die vielen Angst machenden Möglichkeiten des Daseins auf
einen Nenner zu bringen oder gar zu reduzieren, ist unmöglich. Denn die Welt ist nichts anderes als eine Unendlichkeit
von Möglichkeiten. Angesichts dessen müssen wir immer
neu entscheiden, was wir sein wollen. Letztlich gibt es nur
zwei Alternativen: Wir können den einsamen, ungemütli-
chen, un-heimlichen Reflexionsraum, den uns die Angst er-
schließt, nutzen und unser Leben in die Hand nehmen.
Oder wir ziehen uns in den Schutzraum der Öffentlichkeit,
des »Man« zurück, wo *man* Verantwortung für uns übernimmt. Wo gilt, wie Heidegger kritisiert: »Jeder ist der Andere und keiner er selbst.«

Der Manager Dominik Brunner war jemand, der entschied,
er selbst sein zu wollen. Im September 2009 sitzt er in einer
S-Bahn nach München-Solln. Er sieht und hört, wie zwei Jugendliche ein paar noch Jüngere schikanieren. Er fragt sich
nicht: »Soll ich eingreifen? Würde sich das überhaupt ren-

tieren? Würde das im Zweifelsfall etwas bringen? Wäre das nicht viel zu gefährlich?« Stattdessen stellt er sich vor die Wehrlosen, um sie zu schützen. Er riskiert es einfach. Mutig und spontan. Und verliert sein Leben. Kurz darauf wird ihm von ausgewiesenen Experten posthum vorgeworfen, er habe die ganze Sache völlig falsch angepackt. Er hätte sich erst einmal Bündnispartner unter den Umstehenden aussuchen müssen. Schließlich hätten US-Forscher längst bewiesen, dass man nur ein wenig Menschenkenntnis bräuchte, um nicht den Helden spielen zu müssen. Weil man dann nämlich die entsprechenden Bündnispartner in null Komma nichts beisammen hätte.

Brunner, der sich weigerte, sich von Gedankenspielen zu möglichen Gefahren anästhesieren zu lassen, wurde zu einem zweifachen Opfer. Für die Experten ist er ein Opfer seiner Unkenntnis (Hätte er doch die Arbeitsblätter der Zivilcourage besser studiert! Hätte er sich nur über die aktuelle psychologische Forschung informiert!) – und damit seiner eigenen Schuld. Für die »mitfühlenden Menschen in Deutschland« (Horst Köhler) ist er Opfer einer ungeheuren Ungerechtigkeit. Aber was ist er wirklich?

Wir könnten ihn einen Helden nennen – wenn Helden bei uns ein weniger zweifelhaftes Image hätten. Wenn man uns nicht ständig eintrichterte: Risiken nimmt man nicht auf sich, sondern schaltet sie aus. Und wer freiwillig eine Gefahr auf sich nimmt, muss büßen. Notfalls mit dem Tod. Kein Wunder, dass wir vorsichtig sind. Kein Wunder, dass wir uns oft unfähig und ungeeignet fühlen, unsere Probleme selbst anzupacken. Was können wir tun? Üben wir uns darin, mehr zu wagen. Widerstehen wir der Versuchung, die absolute Kontrolle über unser Leben erlangen zu wollen. Versuchen wir einfach, wir selbst zu sein: unvollkommene und fehlbare Wesen, denen die erstaunlichen Fähigkeiten des Selberdenkens und der Mitmenschlichkeit gegeben sind.

Philosophisches Gedankenexperiment:
Ein Leben oder drei?

Ein Wind von fünfundsiebzig Stundenkilometern fegt über
Hamburg. Maja, eine Krankengymnastin, nimmt ihren Neffen an die Hand und blickt prüfend gen Himmel. Können
sie es zu Fuß vom Kindergarten nach Hause schaffen? Ohne
dass ihnen ein Dachziegel auf den Kopf fällt? Maja packt die
Hand des Neffen fester und läuft mit ihm los. Innerhalb weniger Minuten hat der Wind fast Orkanstärke erreicht. Maja
sieht sich nach einem schützenden Hauseingang um – da
hört sie das Schreien dreier Kinder, die von der Last eines
umgestürzten Baums erdrückt zu werden drohen.

Wenn Maja den Baumstamm hochheben will, um die Kinder zu retten, muss sie die Hand ihres Neffen loslassen.
Damit riskiert sie, dass er davongewirbelt und schwer verletzt wird. Wenn sie ihren Neffen in Sicherheit bringt, gefährdet sie das Leben der anderen Kinder. Was soll sie tun?
Was würden Sie tun?

Maja ist den Kindern nie zuvor begegnet. Es sind fremde
Kinder für sie. Ihren Neffen hingegen kennt sie nicht nur,
sie ist auch mit ihm verwandt. Ist es also nicht völlig klar,
dass Majas Verantwortung für ihr Familienmitglied Priorität
haben sollte?

Jein. Wenn sie den Neffen rettet, bringt sie damit drei
Menschenleben in Gefahr. Drei Leben gegen eins. Ist nicht
jedes Menschenleben gleich viel wert? Wenn ja, wäre das
Argument mit den Verwandtschaftsbeziehungen ungültig.
Maja mag ihren Neffen noch so lieben: Sie wäre dann mora-
lisch dazu verpflichtet, die Hand ihres Neffen loszulassen.
Nur so könnte sie die größtmögliche Zahl an Leben retten.

Wenn Maja sich dafür entscheidet, den Baumstamm an-
zuheben, sorgt sie sich um drei unschuldige Kinder. Die Frage

ist allerdings: Warum tut sie das? Was sind ihre Gründe? Ist es wirklich ihre Uneigennützigkeit, ihre Menschenfreundlichkeit, die sie antreibt? Vielleicht handelt sie ja in Wirklichkeit gar nicht altruistisch, sondern egoistisch. Vielleicht will sie am nächsten Tag in der Zeitung lesen: »Bürgermeister überreicht Retterin von Sturmopfern Ehrenpokal.« Oder: »Hamburg feiert Heldin.« Kann eine Frau, die um eines guten Zweckes willen freiwillig ein Risiko auf sich nimmt und dabei ihr eigenes Leben aufs Spiel setzt, egoistisch handeln?

Bleibt die Frage, warum Maja bei einer derart gefährlichen Wetterlage überhaupt das Haus verlassen hat. Hätte sie nicht im Kindergarten anrufen können? Ihr Neffe hätte ja notfalls die Nacht dort verbringen können, bis der Sturm am nächsten Tag abgeflaut wäre. Vielleicht hat Maja einfach nicht den Wetterbericht gehört. Da sie Krankengymnastin und keine Meteorologin ist, konnte auch der Blick in den Himmel ihr nicht weiterhelfen. War es nachlässig, gar unverantwortlich von ihr, nicht den Wetterbericht zu verfolgen? Versuchen Sie selbst eine Antwort zu finden – oder holen Sie sich Inspirationen aus einem der nächsten Kapitel.

Ich ist ein anderer.

ARTHUR RIMBAUD

2 Narziss 2.0
Zweites Hindernis:
Selbstverliebtheit

Gestern studierten wir, absolvierten Praktika und betranken uns in den angesagtesten Clubs. Heute sind wir hoch spezialisierte Arbeitnehmer und überqualifizierte Arbeitssuchende. Morgen werden wir fehlsichtig sein oder an Diabetes leiden. Vom All aus gesehen ist ein Menschenleben relativ kurz. Uns, die wir in einer sich rasend schnell verändernden Welt Tritt zu fassen versuchen, erscheint es noch kürzer. Unser Leben ist ein einziger Anpassungsprozess. Wir fügen uns dem Wandel. Erst mit einem Master-Studium, dann mit einer Umschulung, schließlich mit einem künstlichen Kniegelenk.

Wenn wir irgendwann dank Sport und Pharmaerzeugnissen halbwegs unversehrt ins Stadium der *Silver Ager* eingetreten sind, werden wir zurückblicken. Irgendwann mit achtzig, neunzig oder hundert werden wir vielleicht irgendwo an einem Spiegel vorbeikommen und überrascht feststellen, dass wir es sind, die uns da entgegenblicken. Vielleicht werden wir uns, bevor wir uns schnell wieder abwenden, fragen, wer wir denn nun im Lauf unseres Lebens geworden sind.

In einer Zeit der Verunsicherung und der Schnelllebigkeit ist die Vergewisserung der eigenen Identität komplizierter denn je. Die Frage nach dem »Ich« beantwortet sich nicht auf Knopfdruck. Vielmehr gleicht sie einem riesigen Puzzlespiel. Stellen wir uns einen Puzzlespieler vor, der so sehr damit beschäftigt ist, in Windeseile nach zusammengehörigen Teilen zu suchen, dass er darüber die Betrachtung des Gesamtbilds vergisst. Er vergisst sogar, dass es so etwas wie ein Gesamtbild – ein geordnetes Gefüge aus disparaten Einzelteilen – überhaupt gibt. Er vergisst Sinn und Zweck des Puzzelns.

Ähnlich wie dem Puzzlespieler ergeht es uns bei der Suche nach uns selbst. Wir sind so sehr auf unser Ich fixiert, dass es uns schwerfällt, daneben auch noch etwas anderes wahrzunehmen. *Ich* und *Selbst* ziehen sich leitmotivisch durch den Grundwortschatz des modernen Menschen. Selbstbewusstsein, Selbstvertrauen, ein gutes Selbstwertgefühl und eine gesunde Ich-Stärke gelten als Grundvoraussetzungen für ein glückliches Leben. Wie wird man selbstbewusst? Sicher nicht, indem man sich mit Schopenhauers gesammelten Werken in die eigenen vier Wände zurückzieht. Eher, indem man sich – »ganz Ich« – den anderen zeigt. Das eigene »Ich« muss herausgestellt werden, ihm muss eine Bedeutung zukommen, die es von allen anderen »Ichs« unterscheidet – die es authentisch macht. Und wie wird man authentisch? Indem man Aussagen über sich selbst trifft, die eigenen Bedürfnisse und Wünsche klarstellt und möglichst unmissverständlich deutlich macht, was einem nicht passt.

In seinem legendären Artikel »The ›Me‹ Decade or the Third Great Awakening«, der 1976 im Magazin *New York* veröffentlicht wurde, berichtet der amerikanische Schriftsteller Tom Wolfe von einer Selbsterfahrungsgruppe:

Der Trainer sagte: »Nehmen Sie die Finger von Ihren Sicherheitsventilen.« Jeder im Raum sollte sich gehen lassen, alles Abscheuliche sollte hochkommen und herausgelassen werden. Es wurden sogar Spuckbeutel bereitgestellt, wie in einer Boeing 747 ... Dann forderte der Trainer alle auf, »an das zu denken, was du am liebsten aus deinem Leben eliminieren würdest« ... »*Hämorrhoiden!*«, schreit eine Frau – und stimmt immer lauter werdende Urschreie an. Dann lassen auch die 249 anderen, mit dem Gesicht nach unten auf einem großen, stoppeligen Teppich im Ambassador Hotel in Los Angeles liegenden Seminarteilnehmer ihre Sicherheitsventile los. Und was wollen sie aus ihrem Leben eliminieren?

»Meinen Mann! Meine Frau! Meine Homosexualität! Meine kommunikative Inkompetenz! Meinen Selbsthass, meine selbstzerstörerischen Neigungen, meine Ängste, meine Starrheit, meine Untertänigkeit, meine Faulheit, meinen Alkoholismus, meine großen und kleinen Fehler, meine grauenvollen Angewohnheiten, meine verkorkste Psyche ...«

Für Wolfe beginnt die begeisterte Suche nach dem echten, von allem Ballast befreiten Ich der Amerikaner der siebziger Jahre mit dem ganz und gar unbescheidenen Wunsch: »Lasst uns über Mich reden.« Er sieht einen engen Zusammenhang zwischen Materialismus und Ego-Zentrierung. Das vorherrschende Kreisen des Wohlstandsmenschen um sich selbst gleicht für ihn überdies einer neuen Form von Religiosität.

Heute, im dritten Jahrtausend nach Christus, brauchen wir uns nicht mehr die Seele aus dem Leib zu schreien, um gehört zu werden. Wir haben heute viel subtilere Strategien, um auf uns aufmerksam zu machen. Wir können uns beispielsweise in jeder Lebenslage filmen und unsere Aktivitäten ganz dezent auf YouTube präsentieren. Wir können nach Herzenslust bloggen und twittern, was immer uns durch den Kopf schießt, und sei es auch noch so sinnentleert. Hauptsache, es kommt von uns. Niemand wird uns daran hindern. Wir können unsere Kinder Shiloh Nouvel oder Lou Sulola nennen und ihnen Zweiteiler in Bleu und Mauve mit Prinzen- oder Prinzessinnenemblem anziehen. Und schon weiß jeder, welchem Königreich sie angehören: unserem. Wir können uns von der Zeitschrift *Petra* zur »Tollsten Mama« des Jahres küren lassen (und zur Belohnung für Neckermann modeln). Natürlich können wir auch Manager des Jahres werden. In diesem Fall nehmen wir einfach ein klein wenig Ritalin oder Modafinil, und schon sind wir in der Lage, unsere Leistung und damit die Gewinnspanne unseres Unternehmens über das Maximum hinaus zu steigern.

Sollten wir Mühe haben, zu erkennen, was die Stunde geschlagen hat, müssen wir eben die Augen etwas weiter aufmachen. Das »Ich«, das schon bald unseres sein könnte, grinst uns von überallher zu – in Form eines nagelneuen, einzigartigen Konsumartikels, den es schleunigst zu erwerben gilt, bevor er nicht mehr ganz so neu und einzigartig ist. Wir müssen ihn kaufen, »weil wir es uns wert sind«. iMacs, iPhones oder iPads (Englisch »i« gleich »ich«) präsentieren sich als je aktuelle Reinkarnationen unserer selbst. Wir sind, was wir kaufen – zum Beispiel ein Turnschuh. So schreibt Blogger »serap 2009« über den neuen Trend NIKEid:

Individuell ist hier das Stichwort ... Ganz komfortabel von dem eigenen Computer aus kann man sich auf der Homepage von der Firma NIKE seinen eigenen Schuh erstellen. Was ich besonders klasse finde, ist, dass man, wenn man denn gerne möchte, sich sogar den eigenen Namen statt der NIKE-Schrift auf den Schuh sticken kann. So weiß jeder aufm Court, dem Fußballfeld oder einfach auf den Straßen, wer du bist!

Wenn alle ihr eigenes Label (»Hans-Günther«, »Caro« oder »Pumuckl«) tragen, geht niemand mehr verloren, und keiner kann sich mehr selbst verlieren. Super. Denn: »Ich« ist schließlich das Wichtigste. »Unterm Strich zähl ich. Und ich: riesICH, unentgeltlICH!«, lautet dementsprechend einer der neueren Postbank-Slogans.

Wir sind alle berühmt, kommen praktisch schon als Berühmtheiten auf die Welt. Kaum sind wir geboren, tauchen wir in ein Blitzlichtgewitter ein. Unser ganzes Kleinkindalter hindurch werden wir von Videokameras verfolgt. Wer schon vier oder fünf ist, von dem verlangt niemand mehr: »Iss jetzt endlich den Brei auf!« Stattdessen fragt man einfühlsam: »Was möchtest du zum Abendessen? Willst du Oma und Opa jetzt besuchen oder lieber nächste Woche? Möchtest du Yoga machen oder lieber rechnen üben?« Populär wie wir sind, steht es uns stets frei zu wählen, was uns gerade am meisten Spaß bringt.

Sobald wir in die Pubertät kommen, entledigen wir uns standesgemäß erster unliebsamer Körperhaare und damit erster Anzeichen der Degeneration. Die neuen, an jeder Ecke feilgebotenen Waxing- und Sugaring-Methoden ermöglichen es uns, die gleichen jungfräulichen und jungmännlichen Intimfrisuren zu tragen wie die großen Stars der Pornoindustrie. Haben wir die Adoleszenzphase einmal betreten, verlassen wir sie nur noch ungern. Die Jugend ist schließlich die Zeit, in der wir uns unserem »Ich« am exzessivsten widmen können, ohne allzu schwer dafür büßen zu müssen. Also versuchen wir die positiven Aspekte der Jugend (bequeme Markenkleidung, Egozentrik, Unverbindlichkeit) auch noch im Erwachsenenalter zu kultivieren, und die eher negativen Aspekte (kein Geld haben, auf Volljährige angewiesen sein) möglichst über Bord zu werfen. Auf diesem Wege kann jeder zu jeder Zeit sein ganz eigenes Nirwana erreichen. Ist es nicht so?

Was ist aus uns geworden? Warum hat das Weltbild der Ich-Zentrierung so großen Erfolg? Was ist geschehen, warum liest keiner mehr Goethe, aber alle *InTouch*? Warum haben Magazine, in denen am Beispiel von Jennifer Lopez oder Victoria Beckham demonstriert wird, wie man in allen Lebenslagen Selbstbesessenheit kultivieren und auf immer neue Spitzen treiben kann, die größte Auflage? Warum darf sich ein vielversprechender klassischer Pianist wie Nikolai Tokarev nicht aufs Klavierspiel beschränken, sondern muss auch posen können wie ein Dolce & Gabbana-Model? Wie kann es sein, dass die gleichen Menschen, die einst Kathedralen erbauten, sich nun beim Verzehr von Würmern filmen lassen?

Wir haben kein Lebensideal. Alles, was wir wollen, ist ein möglichst ideales Leben. Wir arbeiten hart, um uns anschließend zu belohnen. Wir leben für uns. Für wen auch sonst? Für unsere Ahnen, für die Nachwelt? Unsere Identität als Teil der Menschheitsgeschichte, als Teil eines Kollektivschicksals – dieser Gedanke ist uns fremd. Unsere Gegenwart erscheint völlig losgelöst von einem übergreifenden Sinnzusammenhang. Traditionen sind nur noch bei besonderen Anlässen relevant. Zwar halten wir an bestimmten Ritualen fest – der Glaube an sie fällt uns dennoch schwer. Kein Wunder, wir wissen ja auch kaum mehr, was sie bedeuten. Ostern, Pfingsten, Weihnachten – was wird da noch mal gefeiert?

Am Tag der Hochzeit tragen wir maßgeschneidertes Weiß, weil es uns schön macht und dem Akt der Trauung ein besonderes Gewicht verleiht. Dass dieses Weiß eigentlich Jungfräulichkeit symbolisieren soll, spielt für uns keine Rolle. Wir treten des feierlichen Ambientes wegen vor den Altar –

weniger wegen des Sakraments. Wir sind einfach zu modern, zu aufgeklärt, zu desillusioniert, um noch Halt in einer übergeordneten Welt finden zu können. Das Göttliche erscheint uns mehr als Gespenst denn als eine Offenbarung. Wenn unsere Kinder anfangen, nach dem Verbleib der Großeltern zu fragen, wissen wir keine Antwort. »Wo ist denn der Opa, bleibt er lange weg?« – »Papa, muss ich auch sterben?« – »Gibt es einen Himmel, und wenn ja, wer hat dort Zutritt?« Für Antworten auf diese Fragen haften wir nur ungern. Lieber lassen wir die Kinder taufen. Was ihnen wenigstens ein paar Jahre lang das Gefühl gibt, in Obhut eines lieben Gottes zu sein.

Bis zur französischen Aufklärung des 18. Jahrhunderts galt Gott als das höchste Seiende. Fortan gewann die Ratio immer mehr überhand: Im grellen Licht der Vernunft wurde das Göttliche einem kontinuierlichen Entzauberungsprozess ausgesetzt. Die religiöse Ordnung geriet ins Wanken. In Friedrich Nietzsches (1844–1900) *Fröhlicher Wissenschaft* lesen wir:

Was taten wir, als wir diese Erde von ihrer Sonne losketteten? Wohin bewegt sie sich nun? Wohin bewegen wir uns? Fort von allen Sonnen? Stürzen wir nicht fortwährend? Und rückwärts, seitwärts, vorwärts, nach allen Seiten? Gibt es noch ein Oben und ein Unten? Irren wir nicht wie durch ein unendliches Nichts? ... Gott ist tot!

Das Nichtigwerden des in der modernen Kultur latenten, von Nietzsche sogenannten homöopathischen Christentums, das scheinheilige Festhalten an Werten, an die man nicht mehr wirklich glaubt, nennt der Philosoph Nihilismus. Der moderne Mensch erwartet nicht mehr eine Erlösung von den Übeln der Welt im Jenseits. Da es für seine Existenz entsprechend keinen letzten Sinn, kein letztes Ziel mehr geben kann, entspricht sie dem Leerlauf einer »ewigen Wiederkehr des Gleichen«, der unendlichen Kreisbewegung von Entstehen und Vergehen.

> Wie, wenn dir eines Tages oder Nachts ein Dämon in deine einsamste Einsamkeit nachschliche und dir sagte: »Dieses Leben, wie du es jetzt lebst und gelebt hast, wirst du noch einmal und noch unzählige Male leben müssen; und es wird nichts Neues daran sein ... Die ewige Sanduhr des Daseins wird immer wieder umgedreht – und du mit ihr, Stäubchen vom Staube!«

Damit der moderne Mensch nicht am Nihilismus zugrunde geht, fordert Nietzsche eine Umwertung aller bisherigen Werte. Der Mensch soll zum »Übermenschen« werden, dem kein Gott mehr befiehlt. An die Stelle des demütigen »Du sollst« soll das selbstermächtigende »Ich will« treten. Der Übermensch wäre in der Lage, in der Nichtigkeit des immer Gleichen seine Erfüllung zu finden – indem er sie freudig akzeptiert als »das Ideal des übermütigsten, lebendigsten und weltbejahendsten Menschen, der sich nicht nur mit dem, was war und ist, abgefunden und vertragen gelernt hat, sondern es, *so wie es war und ist*, wiederhaben will, in alle Ewigkeit hinaus, unersättlich *da capo* rufend, nicht nur zu sich, sondern zum ganzen Stücke und Schauspiele ...«

Nietzsche schwärmt von der radikalen Lebensbejahung eines künftigen »Übermenschen«, weil für ihn der Atheismus noch ein Problem war – für uns ist er mehr oder weniger selbstverständlich. Der christliche Glaube ist mit unserer Wissenschaftsgläubigkeit einfach schlecht vereinbar. Wer an die Mikroinsemination glaubt, kann nicht an die unbefleckte Empfängnis glauben. Wer von unseren Freunden und Bekannten glaubt denn an Gott? Wer von ihnen hat eine Bibel im Nachtkästchen? Keine Ahnung. Unsere Zeit ist zu knapp, um Glaubensfragen zu wälzen. Wenn wir Hans-Günther oder Caro treffen, tauschen wir uns lieber über das neue Coldplay-Album, Hamit Altıntop oder die Dampfsauna im Hotel Adlon aus. Das Göttliche und Verehrungswürdige liegt für uns in der Apotheose der Zerstreuung. Zerstreuung gehört zu unserem Lifestyle, und unser Lifestyle wiederum zu unserem Ich. Das Göttliche ist vom ungreifbaren Jenseits in greifbare Nähe gerückt. Es ist so nah, dass wir fast mit der Nasenspitze darauf stoßen.

Rufen wir uns hier einmal den Mythos von Narziss in Ovids (43 v. Chr. bis ca. 17 n. Chr.) *Metamorphosen* in Erinnerung. Narziss ist der Sohn des Flussgottes Kephissos (Cephisus) und der Nymphe Liriope. Als er noch ein Baby war, fragte seine Mutter den Seher Teiresias, ob ihr Sohn mit einer hohen Lebenserwartung rechnen dürfe. »Ja«, sagte Teiresias, »solange er sich selbst nie kennenlernt.«

Mit sechzehn ist Narziss so schön, dass sich Mädchen und Jungen gleichermaßen in ihn verlieben. Narziss aber zeigt allen die kalte Schulter – so auch der Nymphe Echo. Echo ist nicht in der Lage, eigene Gedanken zu äußern, sondern wiederholt nur immer die letzten Worte anderer. Nachdem Narziss sie zurückgewiesen hat, schwindet sie vor Kummer dahin. Im Wald oder in den Bergen kann man ihre Stimme immer noch hören.

Eines Tages kommt Narziss an einem einsamen, glasklaren Teich vorbei. Als er sich niederkniet, um aus dem Teich zu trinken, sieht er die wunderschöne Spiegelung seiner selbst – und verliebt sich in sie. Völlig verzaubert liegt er im Gras und betrachtet sich, und je länger er sich anschaut, desto größer wird seine Liebe – so groß wie die seiner Verehrer. Immer wieder beugt er sich vornüber, um sein Spiegelbild zu umarmen. Ohne Erfolg.

Er vergisst zu essen und zu trinken und wird immer schwächer. Wenn er seufzt, seufzt Echo mit ihm. Wenn er

Caravaggio, Narziss, um 1597

laut seine vergebliche Liebe betrauert, weint Echo: »Vergeblich!« Und als Narziss sein letztes Lebewohl murmelt, antwortet sie ihm: »Lebewohl!« Seine Schwestern, die Naiaden, beklagen seinen Tod, und Echo klagt mit ihnen. Sie bereiten schon die Totenbahre vor, aber sein Körper ist wie vom Erdboden verschluckt. An seiner Stelle wächst eine Blume, in der Mitte safrangelb, umsäumt von weißen Blütenblättern. Die Narzisse.

Teiresias hatte Recht: Wäre Narziss sich nie begegnet, hätte er wohl noch lange weitergelebt. Durch die Faszination für das, was er zu sein scheint und doch nicht ist – sein Spiegelbild –, verliert er den Bezug zur Welt. Und indem er den Bezug zur Welt verliert, verliert er sich selbst. Narziss leitet sich vom griechischen Wort *nárkōsis* für »Betäubung« ab. Genau genommen ist es aber nicht die Selbstverliebtheit, die Narziss' narkotischen Zustand bedingt. Vielmehr ist er von einem Gesicht berauscht, das er für das eines anderen hält. Er meint, einem anderen in die Augen zu schauen.

Was hat das mit uns zu tun? Wir liegen nicht gebannt vor einem Teich, sondern sitzen gebannt vor unseren elektronischen Geräten. Wir wollen sehen und gesehen werden. Wenn wir uns fotografieren und filmen und uns auf dem Handy oder im Internet betrachten, wissen wir, um wen es sich handelt. Was wir sehen, sind mehr oder weniger zufällige Ausschnitte unseres Selbst, bloße Reproduktionen. Anders als Narziss halten wir unsere virtuellen »Ichs« nicht für das wirkliche. Zumindest versuchen wir es. Aber je mehr sich unser »Ich« vervielfältigt und verselbstständigt, je mehr Lifestyle-Bereiche es besetzt – Handys, Bildschirmschoner, Turnschuhe –, desto schwieriger ist es, Original und Kopie zu unterscheiden. Wer ist »Ich«? Bin ich das, was ich habe, kopiere, herunterlade, nach außen repräsentiere? Entspricht mein äußerer Schein meinem Innenleben? Welche Gefühle sind echt, welche nur Imitation? Um dies herauszufinden, buchen wir ein Einzelcoaching. Wir gehen in uns. Doch je intensiver wir uns mit den eigenen Leidenschaften, Sorgen, Ängsten, Vorlieben und Abneigungen befassen, desto unsicherer werden wir.

Eine milde Verzweiflung setzt ein – nicht sofort, aber im Laufe der Jahre. Mit der Zeit erkennen wir immer deutlicher, dass wir der alltäglichen »Wiederkehr des Gleichen« (Nietzsche) nicht entrinnen können. Wo immer wir hingehen, was

immer wir tun, überall treffen wir nur uns und die Unsrigen. Wir begegnen den immer wieder gleichen Situationen,
den gleichen Abläufen. Irgendwann stellt sich statt Lebens-
sattheit eine Art Lebensmüdigkeit ein. Wir möchten verzweifelt ein anderer sein – ein schönerer, kompetenterer, belieb-
terer, erfolgreicherer Mensch –, und müssen doch feststellen,
dass wir das eigene Ich nicht wechseln können wie eine
Hose. Wir verzweifeln an der grausamen Wirklichkeit: »Ich
bin ich und muss bis ans Lebensende mit mir leben!« Wenn
wir schließlich erkannt haben, dass wir so nicht weiterkom-
men, gehen wir den entgegengesetzten Weg zurück. Jetzt
wählen wir genau das, was wir zuvor abzulehnen versuch-
ten: Auf einmal wollen wir doch niemand anderes sein als
wir selbst. Trotzig beschließen wir, die Zähne zusammenzu-
beißen und uns bedingungslos zu akzeptieren. Wir fangen
damit an, uns in Selbstbewusstsein zu üben. Im Fitnessstu-
dio, beim Friseur oder bei der Kosmetikerin arbeiten wir am
eigenen Typ. Allmählich tragen unsere Bemühungen Früchte.
Wir bekommen auf einmal Komplimente, tun uns mit allem
ein wenig leichter. Schritt für Schritt erwerben wir immer
größere Portionen Selbstvertrauen. Die Sache hat nur einen
Haken: Das so erlangte Selbstbewusstsein, das gute Selbstwertgefühl bedarf ständiger Rückversicherung. Tag für Tag
möchten wir uns vergewissern, dass morgen alles so sein
wird wie gestern. Andy Warhol beschreibt dieses Prozedere
1975 in der *Philosophie des Andy Warhol von A bis B und zurück*:

Tag für Tag schaue ich in den Spiegel und sehe immer
noch etwas – einen neuen Pickel ... Ich tauche einen Johnson & Johnson-Wattebausch in Johnson & Johnson-Alko-
hol und betupfe den Pickel mit Alkohol ... Und während
der Alkohol trocknet, denke ich an gar nichts. Immer stil-
voll. Immer mit gutem Geschmack ... Wenn der Alkohol

abgetrocknet ist, kann ich endlich das fleischfarbene Akne-Medikament auftragen ... Jetzt ist der Pickel verdeckt. Aber bin ich geschützt? Ich muss im Spiegel nach weiteren Anhaltspunkten Ausschau halten.

Das Sicherheitsgefühl, das der Spiegel vermittelt, erweist sich als flüchtig. Jede neue Gegenüberstellung mit ihm bringt neue Risiken. Der kontrollierende Blick in den Spiegel symbolisiert den täglichen Kampf mit uns selbst: Was, wenn wir morgen nicht ganz so erfolgreich sind wie heute? Was, wenn uns plötzlich die Haare ausfallen? Was, wenn wir unseren Job verlieren? Was, wenn wir aufgrund unserer vielen Termine gedanklich so abgelenkt waren, dass wir unser Black-Berry am Chicagoer Flughafen liegen ließen? Was, wenn wir morgen in den Spiegel sehen und ins Leere blicken?

Jedes Mal, wenn es uns gelingt, unsere Zweifel zu besiegen und uns zu vergewissern, dass tatsächlich wir es sind, die so viel Attraktivität, Gesundheit und Erfolg ausstrahlen, fühlen wir uns dem Göttlichen ein Stück näher – wenigstens für einige Momente. Wie gern wären wir das Zentralgestirn, um das sich alles dreht. Ist der Wunsch des modernen Menschen, ein Star, wenigstens ein Sternchen zu sein, nicht natürlich? Irgendwie müssen wir unsere metaphysische Obdachlosigkeit ja kompensieren. Der Glaube an eine übergeordnete Welt wurde uns ausgetrieben. Da es so etwas wie ein Gottesreich, einen Götterhimmel nicht mehr gibt, an das wir glauben können, glauben wir jetzt eben an uns selbst. Unsere wahre Religion ist nicht die christliche, nicht die muslimische, nicht einmal die buddhistische. Unsere Religion sind wir selbst.

Doch noch ist es uns nicht gelungen, uns selbst zu erlösen. Trotz aller Bemühungen sind wir immer noch keine Übermenschen (in einem nietzscheanischen Sinne). Uns fehlen der Mut und die Leichtigkeit, über den Dingen zu stehen, das Leben – wenigstens ab und zu – belustigt als ewiges Schauspiel zu betrachten. Wir sind zu sehr auf uns konzentriert. Vor lauter *Selbstverliebtheit* vergessen wir, dass es noch mehr gibt als unsere eigenen Belange. Dass das Leben voller Geheimnisse und Rätsel ist, die es zu erkunden gilt. Versuchen wir die Gedanken an uns, unseren Job, unsere Leistungsfähigkeit oder unser Image zur Abwechslung einmal abzuschalten. Befassen wir uns stattdessen mit einer Frage, die mindestens genauso relevant ist wie unser ausbleibender Erfolg oder wie unser Liebeskummer. Mit der Frage, was es mit diesem »Ich«, das uns so wichtig ist, eigentlich auf sich hat.

Philosophisches Gedankenexperiment: Ich oder Ich?

Mike sitzt in München an einer Bar, ein Bein lässig über das andere geschlagen. Neben ihm ein Mann in genau der gleichen Haltung. Als Mike zu ihm hinüberschaut, blickt auch der andere herüber. Beide tragen nicht nur die gleichen Jeans, sondern auch den gleichen Bart und die gleichen Socken. Als sie bemerken, dass sie sich zum Verwechseln ähnlich sehen, lachen sie zeitgleich los. Sie kommen ins Gespräch. Der andere heißt auch Mike. Und sie stellen noch weitere Gemeinsamkeiten fest: Mike hat am selben Tag Geburtstag und ist in derselben Stadt geboren wie Mike. Wirklich verblüffend. Als Mike von der Kindheit seiner Mutter erzählt, sagt Mike gereizt: »Moment, das reicht jetzt. Das ist meine Mutter, von der du sprichst!« Und Mike gibt ebenso gereizt zurück: »Ach, du tust ja bloß so, als wärst du ich!« Sie zahlen und brechen in dieselbe Richtung auf. Sie drängen sich ans Steuer desselben BMWs und stürmen die Treppen desselben Hauses hinauf. Mike ist etwas schneller als

Mike. Als Mike ins Wohnzimmer stürmt, sitzt Mike schon spöttisch lächelnd auf der Couch und zündet sich eine Zigarette an.

Diese Geschichte ist wahrscheinlich unwahr. Vielleicht ist sie dem Kopf eines Psychiatriepatienten oder eines russischen Schriftstellers entsprungen. Es gibt keinen Menschen, der mit einem anderen identisch ist (auch wenn viele identisch aussehen, weil sie den gleichen Lifestyle pflegen). Oder?

Wenn jeder Mensch einzigartig ist, worin genau besteht diese Einzigartigkeit? Wie können wir so sicher sein, ein »Ich« zu besitzen, eine über die Zeit hinweg relativ gleichbleibende, unverwechselbare Identität? Und was verschafft uns die Gewissheit, auch weiterhin »Ich« zu sein?

Es gibt viele *gleiche* Aktfotos von Carla Bruni-Sarkozy, aber jede dieser Reproduktionen ist aus unterschiedlichen Molekülen zusammengesetzt. Jede einzelne dieser *gleichen* Aufnahmen ist einzigartig. *Ein und dasselbe* Bild kann also nicht auf einem Fensterbrett im Élysée-Palast liegen und gleichzeitig bei Ihnen in der Küche hängen (wohl aber das *gleiche*). Gilt, was für die Einzigartigkeit eines Aktfotos gilt, auch für Ihre Identität? Wenn ja, dann müssten Sie die Summe der physikalischen Bausteine sein, aus denen Ihr Körper und Geist zusammengesetzt ist (so wie das Carla-Porträt, das möglicherweise bei Ihnen in der Küche hängt, die Summe aller seiner Moleküle wäre). Das kann nicht sein. Schließlich könnten Sie das Herz oder die Leber eines anderen in sich tragen und dennoch als »Sie« erkennbar sein – für sich und für alle Menschen, mit denen Sie zu tun haben. Ständig sterben Ihnen irgendwelche Zellen ab und werden durch neue ersetzt. Werden deshalb auch »Sie« ständig ersetzt?

Nun könnte es natürlich sein, dass es auf das Stoffliche weniger ankommt als auf Bewusstseinsinhalte. Vielleicht sind Sie ja nur deshalb »Sie« (wie Mike »Mike« und wir »wir«), weil Sie sich noch genau an eine Abiturprüfung, einen Autounfall, eine Geburt, ein Tina-Turner-Konzert und unzählige andere Szenen erinnern, in denen eine Person, die mit Ihnen identisch zu sein schien, eine wichtige Rolle spielte?

Wenn Sie in der Lage sind, dieses Buch richtig herum zu halten und die Seiten in der richtigen Reihenfolge umzublättern, sind Sie mit großer Wahrscheinlichkeit ein Mensch mit Vergangenheit. Weil Sie einst lesen gelernt haben und sich noch daran erinnern, wie es geht, stellen Sie erst gar nicht in Frage, dass »Sie« tatsächlich dieser Leser/diese Leserin sind. Es könnte sich aber auch ganz anders verhalten. Es könnte sein, dass Sie gar nicht wissen, was das ist, das Sie da in der Hand halten. Sie könnten an einer Gedächtnisstörung leiden und alles vergessen haben – sich selbst eingeschlossen. Wenn alle Erinnerungen weggewischt sind und alle Pläne und Hoffnungen für die Zukunft, was bleibt dann von einem »Ich« noch übrig?

Es ist unwahrscheinlich, dass auf dieser Welt ein und derselbe Mike zweimal existiert. Aber vielleicht gibt es irgendwo da draußen im All einen Planeten, wo es diesen Mike tatsächlich noch einmal gibt. Nicht als Kopie, sondern als Original. Können Sie sich das vorstellen?

Der Weg auf und ab ist ein und derselbe.

HERAKLIT

3 Gut oder böse oder egal
Drittes Hindernis:
Moralischer Relativismus

Prinzessin Diana, genannt Lady Di, galt als die »Königin der Herzen«. Niemand konnte ihrem scheuen Lächeln widerstehen. 750 Millionen Fernsehzuschauer waren Zeuge, als sie 1981 Prinz Charles heiratete. Dann nahm das Unglück seinen Lauf. 1995 gab Diana ein TV-Interview, in dem sie über ihre Bulimie, die Liaison ihres Exmannes mit Camilla Parker-Bowles sowie über ihre eigenen Affären Auskunft gab. Die Welt bemitleidete sie wegen der Strapazen, die ihr der Umgang mit Männern und Medien auferlegte, und bewunderte sie, weil sie dennoch Zeit fand, sich für Aids-Kranke und andere Bedürftige zu engagieren. Ihren letzten Sommer verbrachte sie, unter ständiger Beobachtung der Paparazzi, an der Seite des Ägypters Dodi Al-Fayed. 1997 starben Diana und Dodi bei einem Autounfall. 2005 ließ Dodis Vater in seinem Londoner Kaufhaus Harrods ein lebensgroßes bronzenes Denkmal für die Verstorbenen enthüllen: Di und Dodi tanzend, Hände haltend, über ihren Köpfen ein Albatros, zu ihren Füßen in großen Lettern: »Unschuldige Opfer«.

Verdiente Diana den Namen »Königin der Herzen«? War sie ein guter Mensch? Wie kann man überhaupt feststellen, ob ein Mensch gut ist? Man braucht Beweise. Müssen diese Beweise von dem betreffenden Menschen selbst geliefert werden? Zum Beispiel, indem er regelmäßig Aids-Patienten oder Minen-Versehrte in die Arme schließt? Schwer zu sagen. Man müsste derartige Handlungen und deren Folgen anhand bestimmter Wertmaßstäbe überprüfen. Aber wer wäre berechtigt, solche Maßstäbe festzusetzen? Vielleicht braucht sich ein Mensch, der von anderen als gut anerkannt werden will, solchen komplizierten und verunsichernden Fragen ja gar nicht erst aussetzen. Vielleicht genügt es, wenn er sich zum Beweis seines Gutseins einfach als Opfer zu erkennen gibt: Opfer eines untreuen Ehepartners, Opfer einer Krankheit, Opfer einer Paparazzi-Horde. Wer in diesen Fällen das Böse verkörpert, scheint klar. Somit bestünde der Beweis, dass der fragliche Mensch gut ist, in der Erkenntnis: Gut ist immer der, der nicht böse ist.

Aber was wäre dann ein böser Mensch? Ein Täter? Nehmen wir Prinz Charles. Charles hat Di zum Opfer eines Ehebruchs gemacht, indem er sie mit Camilla betrog. Also muss er ein Täter und folglich böse sein. Aber: Charles war nicht immer so. Einst war er ein fröhliches, unbefangenes Kleinkind. Leider währte die Unbeschwertheit nicht lange. Schon sehr bald musste er auf seine spätere Regentschaft vorbereitet werden und auf Privatschulen und Internaten lernen, wie man den Prinzen gibt. Diese Jahre gingen natürlich nicht spurlos an ihm vorüber. Da er nicht lange Kind sein durfte, konnte er auch kein richtiger Erwachsener werden. Sein Verhalten, Camilla der rehäugigen Di vorzuziehen, weist ihn als Opfer einer alles in allem schweren, möglicherweise traumatischen Kindheit aus. So betrachtet kann Charles doch nicht wirklich böse sein, oder?

Grundsätzlich scheint jedes Opfer, das einen freien Willen besitzt, die Wahl zu haben, wie es mit seinem Los umgehen möchte. Die in unserer Gesellschaft gängigsten Methoden sind die Selbstanklage (»Wieso konnte ich das nicht verhindern!«), die Selbstbemitleidung (»Von allen bedauernswerten Menschen bin ich der bedauernswerteste ...«) und die Bemitleidung durch Dritte. Opfer zu sein heißt, für etwas Böses verurteilt worden zu sein, das man gar nicht begangen hat und aufgrund dessen unschuldig – und damit auch irgendwie »gut« zu sein. Der Nachteil des Opferseins liegt darin, dass man schwer dafür büßen muss. Mit Klinikaufenthalten, Vermögensverlusten, Rufschädigung, Entlassung, Hilflosigkeit. Deshalb tun wir im Zweifelsfall alles, um nicht Opfer zu werden. Aber: Nur der könnte vermeiden, Opfer zu werden, der nie dem Bösen begegnete. Doch dies scheint unmöglich. Wenn die Welt voller Opfer ist (Lady Di, Prinz Charles, Wolfgang Schäuble), müsste es in ihr eigentlich ebenso viele Täter geben ...

Der Versuch, diese Täter für ihre Taten zur Rechenschaft zu ziehen, erwiese sich allerdings als fruchtlos. Dann zumindest, wenn wir dem populärpsychologischen Credo unserer Zeit folgen würden, das unmoralisches Verhalten als Krankheit deutet. Was für eine Berühmtheit wie Charles gilt, würde dann auch auf einen Schüler wie Dieter zutreffen: Wer krank ist, kann nicht der Unmoral bezichtigt werden. Wenn Dieter unfähig ist, seine Hausaufgaben zu machen, weil er faul ist, und wenn er mit seiner Faulheit die Lehrer an den Rand des Burn-out treibt, trägt er *in letzter Instanz* keine Schuld. In Wahrheit ist er nämlich gar nicht faul. Er leidet nur an einem Aufmerksamkeitsdefizit. Liegt die Schuld dann bei seiner Mutter, die einen laxen Erziehungsstil pflegt? Natürlich nicht. Auch die Mutter trifft keine Schuld, da sie als Fünfjährige von ihrem Vater geschlagen wurde. Sie kann gar nicht anders, als die Erziehung falsch anzugehen. Und auch der Vater von Dieters Mutter ist unschuldig: Er war drogenabhängig. So können wir die Reihe der unschuldig Verurteilten bis ins Unendliche zurückverfolgen – und immer nur Opfer finden, nie Täter. Wir werden nie einen Anfangspunkt, nie einen ursprünglichen Täter finden: Logisch betrachtet handelt es sich um einen *infiniten Regress*. Es gibt unendlich viele Opfer, aber keinen einzigen Täter.

Folgen wir dieser Logik, erscheint die schwierige, verwirrende Frage: Gut oder böse? plötzlich nicht mehr so wichtig. Wenn wir alle Opfer sind, sind wir jenseits einer Unterscheidung von Gut und Böse. Auch brauchen wir uns nicht mehr mit den Grenzen zwischen Gut und Böse auseinanderzusetzen. Wir können so handeln, wie es unserem Eigeninteresse am besten entspricht, das tun, was sich für unser Ich am besten anfühlt, um uns zu entschädigen. Wir müssen uns nicht aufgefordert fühlen, zu dem, was die Philosophie zum Thema Gut und Böse zu sagen hat, Stellung zu beziehen. Trotzdem kann es ja nicht schaden, wenn wir uns an dieser Stelle einmal mit einigen dieser philosophischen Positionen bekanntmachen.

Der griechische Philosoph Aristoteles (384 bis ca. 322 v. Chr.) hatte noch klare Vorstellungen davon, was einen guten Menschen ausmacht und was nicht. In seiner *Nikomachischen Ethik* schreibt er, dass dem Menschen seine Handlungen durch ständige, gewohnheitsmäßige Wiederholung zur »zweiten Natur« oder zum »Habitus« würden. Dieser Habitus könne sich entweder mehr in eine gute oder mehr in eine schlechte Richtung entwickeln:

Durch das Verhalten im kommerziellen Verkehr werden wir gerecht oder ungerecht; durch das Verhalten in Gefahren und die Gewöhnung, vor ihnen zu bangen oder ihnen zu trotzen, werden wir mannhaft oder feige ... die einen werden mäßig und sanftmütig, die anderen zügellos und jähzornig, je nachdem sie in solchen Fällen sich so verhalten oder so, mit einem Wort: aus gleichen Tätigkeiten erwächst der gleiche Habitus.

Im Mittelalter wurde lasterhaftes Verhalten nicht mehr als Ergebnis schlechter Gewohnheiten betrachtet, sondern als sündhafte Opposition des menschlichen Willens gegen Gottes Willen. In seinem Werk *Summa theologica* führt der Philosoph und Theologe Thomas von Aquin (ca. 1225–1274) einen Katalog von Schlechtigkeiten auf, den wir heute noch als die sieben Todsünden kennen: Zorn, Trägheit, Neid, Hochmut, Geiz, Völlerei und Wollust.

Einige Jahrhunderte später brütete der Philosoph Immanuel Kant (1724–1804) über Lasterhaftigkeit als Abweichung von einer moralischen Norm. In seiner *Anthropologie in pragmatischer Hinsicht* von 1798 interpretiert er die Fehltritte des Menschen aber auch als Kennzeichen bestimmter Charaktertypen, als die Fehltritte des Geizigen, Wollüstigen oder Hochmütigen. An einer Stelle referiert er den Fall einer vor Gericht wegen Geisteskrankheit freigesprochenen Frau und fügt nachdenklich hinzu: »Auf dem Fuß dieses Arguments möchte es wohl leicht sein, alle Verbrecher für Verrückte zu erklären, die man bedauern und kurieren, aber nicht bestrafen kann.«

Im 19. Jahrhundert wurde Kants *Anthropologie* zur wissenschaftlichen Grundlage für die Arbeit von Carl Wernicke, Ernst Kraepelin, Sigmund Freud und anderen psychiatrischen Größen. Die Psychiater nahmen einige entscheidende begriffliche Veränderungen vor. Nun ging es nicht mehr um Charaktertypen, sondern um *Psychopathologien*, nicht mehr um Laster oder moralische Verfehlungen, sondern um *Geisteskrankheit*. Fortan gab es keine absolute Unmoral, keine im echten Sinne bösen Menschen mehr.

Wenn wir heute überhaupt noch vom Bösen, Sündhaften sprechen, dann meist in Bezug auf eine mehr oder minder schwere seelische Störung. Die sogenannten Todsünden sind von Krankheiten und Inkompetenzen aller Art abgelöst – beziehungsweise in einigen Fällen auch zu Tugenden umgewertet worden:

ZORN: Ein furchterregender, weil vollkommen unkontrollierter Gefühlsausbruch, der mit hochrotem Kopf, Geschrei und Zertrümmern von unbeteiligtem Mobiliar einhergeht. Wenn ein Kind zornig wird, ist dies meist auf eine kurzfristige existenzielle Erschütterung zurückzuführen, etwa auf ein ihm vorenthaltenes Stück Kuchen. Solche Zornesäußerungen wachsen sich gewöhnlich aus. Neigt ein Erwachsener zum Zornigwerden, muss man davon ausgehen, dass er Probleme hat, sich in die Leistungsgesellschaft einzugliedern. Den Widerspruch zwischen Zorn und Leistungsbereitschaft erkannte bereits der römische Philosoph Seneca (0–65 n. Chr.). In seiner Abhandlung *Über den Zorn* schreibt er:

Tatsächlich gedeiht also der Zorn am besten dort, wo zügellose Genusssucht und Scheu vor jeglicher Anstrengung herrschen ... Unser Zorn richtet sich entweder gegen etwas, was uns nicht beleidigen konnte, oder gegen etwas, was uns beleidigen konnte. Im ersten Fall ist oft etwas beteiligt, was gar kein Gefühl besitzt, zum Beispiel ein Buch, das wir oft aus der Hand werfen, weil seine Buchstaben zu klein sind oder das wir gar in Stücke reißen, da es Fehler enthält, oder ein Kleid, das einem nicht entspricht und das man deshalb zerschneidet.

Heute sind Ausfälle dieser Art nicht mehr vorgesehen. Gegen Bücher und Kleider nicht und gegen Menschen erst recht nicht. Im Büro wie auch zu Hause zeigt sich, wer die Hosen anhat, nicht durch haltloses Gebrüll, sondern durch Selbstkontrolle und kommunikative Kompetenz. Wer dagegen nicht in der Lage ist, sich zu beherrschen, leidet wahrscheinlich an emotionaler Unreife oder, schlimmer noch, einer *antisozialen Persönlichkeitsstörung.*

TRÄGHEIT: Eine Lähmung von Körper, Geist und Seele, die sich aus zu vielen Möglichkeiten der Zerstreuung ergibt. Bei denen, die sämtlicher Vergnügungen überdrüssig geworden sind, nimmt sie die Form einer chronischen Langeweile an – ein äußerst weitverbreitetes Phänomen. Nach Ansicht des dänischen Philosophen Søren Kierkegaard (1813–1855) lässt sich die Menschheitsgeschichte in etwa so zusammenfassen: Da sich Gott langweilte, schuf er Adam. Da Adam träge war und sich ebenfalls langweilte, schuf Gott Eva. Zuerst langweilte sich Adam allein, dann langweilten sich Adam und Eva gemeinsam, dann langweilten sich Adam, Eva, Kain und Abel *en famille.* Man vermehrte sich, bis sich die Langeweile schließlich um die ganze Erde verteilte.

Dass Trägheit und Langeweile so ansteckend sind, hängt damit zusammen, dass der Mensch sich ziemlich bald an alles Neue, alles Neugier Erweckende gewöhnt. Wenn er feststellt, dass das Neue nur das vorweggenommene Alte ist, hört er auf, sich dafür zu interessieren. Heute spricht man von »Interesselosigkeit« als einem Hauptsymptom der *Depression.* Der psychiatrische Begriff für Trägheit ist »Antriebslosigkeit«, ein weiteres typisches Merkmal des Depressiven. In den Industrieländern gilt die Depression als häufigste seelische Erkrankung überhaupt. Sie ist das Symptom einer Gesellschaft, die ihren Mitgliedern ein Übermaß an Eigeninitiative und Leistung abverlangt und ihnen gleichzeitig suggeriert, der Sinn des Lebens bestünde im Spaßhaben.

NEID: Ein nagendes und auf Dauer zermürbendes Gefühl des persönlichen Ungenügens, das aus dem Vergleich mit Besitztümern anderer resultiert. Neidisch sind wir auf das,

Otto Dix, Die sieben Todsünden, 1933

was wir nicht haben, unserer Meinung nach aber haben sollten, weil es die anderen auch haben. Wer nicht mindestens ein ebenso dickes Auto, einen ebenso glamourösen Partner, ein ebenso begabtes Wunderkind, ein solches Superhirn hat wie sein Bruder, Kollege oder Squash-Partner, wird sich auf schmerzvollste Weise des eigenen Ungenügens bewusst. Deshalb tun wir uns so schwer, uns zu unserem Neid zu bekennen. Darum belegen wir ihn – anders als alle übrigen Todsünden – bis heute mit einem Tabu (obwohl ebendieser Neid ein bedeutender Motor kapitalistischen Wachstums zu sein scheint). Niemand gibt freiwillig zu, neidisch zu sein. Denn das würde ja bedeuten, die eigene Minderwertigkeit zuzugeben und damit die Hoffnung auf Anerkennung aufgeben zu müssen.

Im Umkehrschluss heißt das: Der, der beneidet wird, kann sich viel darauf einbilden. Besonders in Deutschland. Wie Arthur Schopenhauer schrieb: »In Deutschland ist die höchste Form der Anerkennung der Neid.«

HOCHMUT: auch Eitelkeit genannt. Der hochmütige, eitle Mensch ringt ebenso verzweifelt um Anerkennung wie der neidische. Während der Neider ungeheure Anstrengungen unternimmt, um anerkannt zu werden, will der Hochmütige die Anerkennung ganz einfach geschenkt haben – weil er sich für den Größten, Schönsten und Klügsten überhaupt hält. Er ist so arrogant, dass er die anderen nur als Spiegel seiner fantasierten Großartigkeit braucht. Der französische Philosoph und Mathematiker Blaise Pascal (1623–1662) schreibt in seinen *Gedanken*:

> Wer die Eitelkeit der Welt nicht sieht, ist selber sehr eitel ... Die Menschen, die sich in ihrer Einbildung für klug halten, gefallen sich selbst viel mehr, als die Besonnenen sich vernünftigerweise gefallen können.

Und er fügt bissig hinzu:

... wenn die Ärzte keine Leibröcke und Pantoffeln hätten und die Rechtsgelehrten keine viereckigen Barette und vierteilige, viel zu weite Roben, so hätten sie nie die Welt betrogen, die dieser so glaubwürdigen Zurschaustellung nicht widerstehen kann. Wenn sie das wahre Recht sprächen und wenn die Ärzte die wirkliche Heilkunst beherrschten, hätten sie keine viereckigen Barette nötig.

Hier skizziert Pascal im Ansatz schon die Hauptsymptome derer, die nach heutiger psychiatrischer Auffassung an einer *narzisstischen Persönlichkeitsstörung* leiden: eine durch nichts zu begründende Gewissheit, dem Rest der Menschheit überlegen zu sein und deshalb unbegrenzte Ansprüche stellen zu dürfen; ein Bedürfnis nach ständiger Bewunderung; ein gewohnheitsmäßiges Ausbeuten anderer, um die eigenen Interessen durchzusetzen.

Wer heute an übersteigertem Hochmut krankt, endet allerdings meist nicht in der Psychiatrie, sondern im Blitzlichtgewitter. Dafür ist Paris Hilton, die ihre Eitelkeit mit großem Erfolg als Tugend verkauft, ein gutes Beispiel. Aber natürlich ist Paris nur deshalb so erfolgreich, weil sie einer vom Ich besessenen Gesellschaft dient.

GEIZ: die zwanghafte Angewohnheit, Geld zu horten, um es niemals auszugeben, auch Habsucht genannt. Für den Geizigen ist Geld kein Mittel zum Zweck – es ist der Zweck selbst. Wie viel er auch in seiner Raffgier zusammenträgt, es ist immer zu wenig, schreit immer nach mehr. Deshalb ist es ihm natürlich unmöglich, etwas abzugeben. Großzügigkeit ist für ihn gleichbedeutend mit Verschwendung. Wenn die sozialen Regeln von ihm verlangen, anderen etwas zu schenken, fühlt er sich, als müsse er amputiert werden. Er hofft, dass das Ungenügende irgendwann einem Genug weichen wird. Umsonst. Während er krampfhaft sein Ziel anpeilt, vergehen still die Jahre, und bevor er sich seinem Ziel auch nur ansatzweise nähern kann, ereilt ihn der Tod.

Heute gilt Geiz nicht als sündig oder krankhaft, sondern als geil. Der neue Menschentyp des *Schnäppchenjägers* hat den Geizigen rehabilitiert. Der Schnäppchenjäger verbindet auf clevere Weise den Geist des Hortens mit der Sehnsucht nach einem gelebten Leben. Was für andere Leben ist, ist für ihn die kurze Befriedigung, für möglichst wenig Geld möglichst viele Waren angehäuft zu haben. Ein armseliges Dasein, gegen das der Stoiker Epiktet (ca. 50–125 n. Chr.) in seinem *Handbüchlein der Moral* folgendes Rezept verschreibt:

Bedenke: Du musst dich (im Leben) wie bei einem Gastmahl benehmen. Es wird etwas herumgereicht, und du kommst an die Reihe. Strecke deine Hand aus und nimm bescheiden deine Portion. Es wird weitergereicht. Halte es nicht zurück. Es ist noch nicht bei dir angelangt. Richte nicht schon von weitem dein Verlangen darauf, sondern gedulde dich, bis die Reihe an dir ist.

So halte es auch mit dem Verlangen nach Kindern, nach einer Frau, nach Ämtern, nach Reichtum, und du wirst einst ein würdiger Tischgenosse der Götter sein.

Zwischen diesen Ratschlägen und einer Payback-Karte wählt der Schnäppchenjäger selbstverständlich die Payback-Karte.

VÖLLEREI: das maßlose In-sich-Hineinfressen von Nahrungsmitteln der unterschiedlichsten Beschaffenheit (süß, sauer, roh, gekocht, weich, fest), welches bei häufiger Wiederholung schwere Gesundheitsschäden nach sich zieht. Dass wir zivilisierten Menschen zum Schnuppern, Schlürfen, Schmatzen und Fressen überhaupt fähig sind, ist auf die in uns schlummernde Primitivität zurückzuführen. In seiner *Anthropologie* betont Kant die enge Verwandtschaft von Geschmacks- und Geruchssinn. Er philosophiert:

> Geruch ist gleichsam ein Geschmack in der Ferne, und andere werden gezwungen, mit zu genießen, sie mögen wollen oder nicht, und darum ist er als der Freiheit zuwider weniger gesellig als der Geschmack, wo unter vielen Schüsseln oder Bouteillen der Gast eine nach seiner Behaglichkeit wählen kann, ohne dass andere genötigt werden, davon mit zu genießen.

Riechen und Schmecken mag einen Gourmet auszeichnen – doch dies ändert nichts an der Tatsache, dass Essen aus zu vielen Schüsseln dick macht. Korpulenz ist heute kein Zeichen von Reichtum mehr, sondern von mangelnder Disziplin. Exzessives Schlemmen gilt als ebenso unmodisch wie ungesund. Wenn wir regelmäßig zu viel Sachertorte vertilgen, werden wir unter den Generalverdacht einer *Essstörung* gestellt. Je nachdem, in welcher Form die Völlerei auftritt, könnten wir an einer Adipositas (Fettsucht), Bulimie (Ess-Brech-Sucht) oder Binge Eating Disorder (Essattacken-Störung) erkrankt sein. Das wahrhaft abnormale Essverhalten dient nicht mehr dem Genuss, sondern der Betäubung. Der dem natürlichen Hungergefühl entfremdete Zivilisationsmensch verschlingt Chips, Soft Cakes, Schokoriegel, panierte Hühnerschenkel und was die Junk-Food-Industrie sonst noch bietet, als fräße er um sein Leben. Er möchte sich *wirklich* fühlen – entsprechend lautet sein Motto: »Ich fresse, also bin ich.« Das Gegenstück zum hässlichen Fressen ist das tugendhafte Hungern. Wem es gelingt, sich von seinen Pfunden zu trennen, neigt am Ende vielleicht zum anderen Extrem und wird magersüchtig – doch dann hat er wenigstens die richtigen Maße, um sich als Topmodel casten zu lassen ...

WOLLUST: alle Maßnahmen zur Steigerung sexuellen Verlangens. Je schamloser, desto besser. An die Stelle der Wollust ist der distanziert-aseptische Begriff *Hypersexualität* getreten. Gesamtgesellschaftlich gesehen ist die Wollust längst ein eher langweiliges Phänomen. Schließlich gibt es inzwischen an fast jeder Ecke einen Beate-Uhse-Shop, in dem man wie in jedem Kaufhaus das jeweils geilste Angebot erwerben kann. Jeder kann eine Peitsche oder eine Liebesschaukel anschaffen, ohne fürchten zu müssen, anschließend als Hexe oder Ketzer verbrannt zu werden.

Der Restbestand der ehemals lasterhaften Wollust ist die Schamlosigkeit. Wer Intimes von sich preisgibt, gilt allerdings längst nicht mehr als ordinär. Er beweist nur, wie ehrlich und authentisch er ist. Wenn wir launig unsere sexuellen Vorlieben ausplaudern, zeigen wir, dass wir auch sonst nichts zu verstecken haben. Wenn wir wie Lady Di einer Kamera sämtliche Wahrheiten über unseren Ehebruch oder unsere Bulimie anvertrauen, dürfen wir uns auf der Seite des Guten wähnen. Weigern wir uns dagegen, zu solchen Themen Stellung zu beziehen, müssen wir damit rechnen, als gehemmt oder depressiv eingestuft zu werden. Die Veröffentlichung des Intimen, Schamvollen und Beschämenden ist deshalb fast schon eine Pflicht. Egal, ob es sich dabei um Fortpflanzungspraktiken oder eine Krebserkrankung handelt.

Schwer zu sagen, ob Prinzessin Diana – das »unschuldige Opfer« – tatsächlich ein guter Mensch war. Vielleicht hat sie viel Gutes bewirkt. Vielleicht hat sie dies auch nur getan, um fotografiert zu werden. Vielleicht war ihre Eitelkeit größer als ihr moralisches Empfinden. Vielleicht hat ihre seelische Labilität ihr moralisches Handeln beeinträchtigt. Wir können nur Vermutungen anstellen. Mehr als Vermutungen im Bereich der Moral trauen wir uns sowieso nicht mehr zu.

Wir zweifeln, ob es uns überhaupt noch möglich ist, Gut und Böse voneinander zu unterscheiden. Zu Recht. Uns ist das Gespür für das rechte Maß abhandengekommen. Da uns kein Philosophenkönig, kein kirchliches Oberhaupt mehr vorschreibt, was wir zu tun und zu lassen haben, driften wir von einem Extrem zum anderen. Von der narzisstischen Selbstüberschätzung (»Hochmut«) zur Depression (»Trägheit«), von der Schnäppchenjägerei (»Geiz«) zur Schamlosigkeit (»Wollust«), zu emotionalen Ausfällen (»Zorn«).

Das Böse, Sündhafte ist uns fremd geworden. »Böse« scheint uns ein Wort aus grauer Vorzeit zu sein. Wir können nichts mehr damit anfangen. Also sagen wir: »Alles ist relativ. Aus Sicht eines Moslems war Diana böse. Aus der Sicht eines Psychiaters war sie krank. Wir hingegen fanden sie edel und gütig. So ist das eben.« Dieser *moralische Relativismus* ist nur ein Auswuchs der allgemeinen Beliebigkeit im Leben des modernen Menschen. Wer sich nicht festlegt, scheint gerettet. Wer keine definitiven Entscheidungen trifft, kann sich auch nicht irren. Wer keinen festen moralischen Standpunkt bezieht, riskiert auch nicht, zur Verantwortung gezogen zu werden. Wer so denkt, überlässt die Moral am Ende dem Zufall.

Wenn wir verhindern wollen, dass der Zufall über Gut und Böse entscheidet, müssen wir unseren warmen, bequemen Sessel verlassen. Wir müssen uns mit der Unübersichtlichkeit moralischer Fragen konfrontieren und lernen, trotz dieser Unübersichtlichkeit Entscheidungen zu treffen. Vielleicht ist ja doch nicht jeder, der böse ist, krank. Vielleicht hat auch ein böser Mensch seine guten Seiten. Vielleicht gibt es Menschen, die Täter und Opfer zugleich sind. Wer ist gut? Wer ist böse? Und wer kann nichts dafür? Wir müssen uns solchen Fragen stellen und es zulassen, uns von ihnen verwirren zu lassen. Auch wenn wir uns nicht anmaßen wollen, die absolut richtige Antwort zu finden, wir müssen es wagen, ein Urteil zu fällen. Zum Beispiel in der Frage: Was hat Moral mit Glück zu tun?

Philosophisches Gedankenexperiment: Glück oder Pech?

In Frankfurt will der Busfahrer Jan einem Hund ausweichen, verliert die Kontrolle über sein Fahrzeug und rast in ein Gebäude. Zehn Schulkinder, die gerade auf dem Heimweg waren, werden tödlich verletzt. Es stellt sich heraus, dass Jan seit zwanzig Jahren nicht einen Unfall verursachte – und dass er genauso lange jeden Morgen vor der Arbeit im selben Lokal sein Bier trank. Diese Angewohnheit war vielen seiner Kollegen bekannt, aber keiner sprach darüber. Man hatte sich daran gewöhnt. Erst nach dem Unfall ändern die Kollegen ihre Meinung über Jan. Jetzt ist er für sie plötzlich ein Verbrecher. Die Tatsache, dass er aufgrund seines morgendlichen Alkoholpegels auch schon in den zwanzig Jahren vor dem Unfall unfähig gewesen wäre, einem Hund auszuweichen, spielt für sie keine Rolle.

In Mainz feuert Gerda, die von ihrem Mann betrogen wurde, fünf Kugeln auf den Übeltäter. Wie durch ein Wunder bleibt er praktisch unverletzt. Da bei der Schießerei niemand zu Schaden gekommen ist, zeigt die Umgebung Verständnis. Gerda entgeht einer Gefängnisstrafe. Die psychiatrischen Gutachter erklären Gerda für seelisch gesund, und so kann sie bald wieder in ihren Alltag zurückkehren.

Hier haben wir zwei gleichermaßen verwerfliche Handlungen – Busfahren unter Alkoholeinfluss und Schießen in Tötungsabsicht –, die aber eine völlig unterschiedliche moralische Wertung erfahren. Jans Tat wird scharf verurteilt, Gerdas Tat eher nicht. Wenn beide Handlungen ungefähr gleich schlimm sind, wie kann es dann sein, dass sie so verschieden beurteilt werden? Und: Wie kann es sein, dass in beiden Fällen das mehr oder weniger *zufällige Ergebnis* der Handlungen den entscheidenden Unterschied macht – das *moralische Glück*? Wären die Schulkinder ein paar Sekunden später aufgekreuzt, hätte Jan sich brüsten können, immerhin einen Hund gerettet zu haben. Wäre Gerda wie ihr Mann Mitglied des örtlichen Schützenvereins gewesen, hätte sie besser zielen können und ihren Mann vielleicht tatsächlich getötet. Ist unsere Einschätzung, ob ein Mensch gut oder böse ist, abhängig von den äußeren Umständen? Oder liegt der moralische Wert einer Person in ihr selbst?

Was würden Sie tun? Würden Sie Jan, einen angetrunkenen Busfahrer, der zufällig keine Kinder überfahren hat, moralisch genauso hart verurteilen wie Jan, der zehn Leben auf dem Gewissen hat? Wie würden Sie Ihr Handeln werten, wenn Sie an seiner Stelle wären? Rekapitulieren Sie Ihre eigene Fahrpraxis: Wie oft haben Sie unerlaubterweise mit dem Handy telefoniert, während Sie am Steuer saßen? Wie oft haben Sie währenddessen mit Ihrem Partner geschmust oder gestritten? Wie oft haben Sie am Radio herumgeschraubt oder sich mit dem Einlegen einer CD befasst? Sollten Sie sich für Ihre Nachlässigkeit, die bisher keinem Menschen geschadet hat, in gleicher oder ähnlicher Weise verurteilen, als hätten Sie dadurch jemanden getötet? Vielleicht hatten Sie bisher das Glück, dass niemand durch Ihr Handeln verletzt oder getötet wurde. Ist es deshalb *egal*, wie Sie sich verhalten haben?

Die Sache wird noch komplizierter, wenn Krankheit mit im Spiel ist. Dass Jan schon morgens vor der Arbeit Bier trank, könnte darauf hindeuten, dass er an einem Alkoholabhängigkeitssyndrom leidet. Jan war vermutlich am Tag des Unfalls unzurechnungsfähig. Weil er sein Handeln nicht unter Kontrolle hatte, war es nicht wirklich *sein eigenes* Handeln. Damit trifft ihn auch keine oder höchstens eine verminderte Schuld. Reicht das, um Jan von seiner Verantwortlichkeit zu entbinden? Jan könnte vor einen Richter treten und sagen: »Entschuldigen Sie, es tut mir furchtbar leid, aber ich kann nichts dafür. Das alles ist auf meine Kindheit zurückzuführen – damals wurden mir schwere seelische Schmerzen zugefügt, die ich heute mit Alkohol betäuben muss.« Was wäre, wenn der Richter antworten würde: »Entschuldigen Sie, mir tut es auch furchtbar leid, aber ich muss Ihnen eine Gefängnisstrafe aufbrummen. Ich kann ebenso nichts dafür, das ist auf meine frühkindliche Entwicklung und die erzieherischen Maßnahmen meiner Eltern zurückzuführen.«

Wir Menschen leben oft sehr oberflächlich,
wie nach einem vorbestimmten Plan.

SOGYAL RINPOCHE

4   Sisyphos oder die Absurdität alltäglicher Routine Viertes Hindernis: Fantasielosigkeit

Ob es um den Umgang mit uns selbst oder unsere Beziehungen zur Umwelt geht: Wir wollen die Realität, die uns schon unübersichtlich genug erscheint, nicht noch unnötig verkomplizieren. Ein Leben als Sparabonnement, das in klar strukturierten, frei wählbaren Modulen zu uns nach Hause geliefert würde, wäre vielleicht nicht die schlechteste Lösung. Wir könnten Basismodule (»Arbeit«, »Liebe«) mit Aufbaumodulen (»Karriere«, »Schönheit«, »Reichtum«) beliebig kombinieren und uns daraus unseren ganz persönlichen Sinn zusammenstellen.

Das Leben als eine Abfolge von Modulen, die wir je nach Bedarf bestellen und wieder abbestellen, scheint von unserer heutigen Wirklichkeit gar nicht mehr allzu weit entfernt. Tatsächlich verbringen wir schon jetzt einen Großteil unserer Lebenszeit mit der Verwaltung von Einzelteilen. Ständig sind wir dabei, irgendetwas auszupacken, aufzubauen, abzubauen, anzubauen, umzubauen, zurückzuschicken. Unser Leben ist voller Puzzleteile, voll von BILLY-Regalen, Apps, Downloads,

DVDs und anderen Gegenständen, die wir nicht brauchen, zu denen wir uns aber irgendwie verhalten müssen. So ist dafür gesorgt, dass wir immer viel zu beschäftigt sind, um nichts zu tun. Um einmal in Ruhe eine weiße Wand anzustarren. Um uns zu fragen, warum wir tun, was wir tun. Zwar scheint unser geschäftiges Leben von immer neuen Gefahren bedroht – aber doch nicht so bedroht, als dass wir gezwungen wären, unsere Routine zu unterbrechen.

Wie viele von uns werden im Laufe ihres Lebens von einem Terroristen, einem Vergewaltiger oder einem tödlichen Virus heimgesucht? Sehr wenige. Bei den meisten von uns wird das Leben, von wenigen Wallungen abgesehen, bis zum siebzigsten oder achtzigsten Jahr ruhig dahinplätschern. Wie beruhigend. Wir können in Ruhe noch eine Küchenzeile anbauen, noch ein Softwareprogramm installieren und uns ansonsten damit zufriedengeben, von Unannehmlichkeiten unbehelligt zu bleiben.

In einer Welt, in der wir für jede Frage, für jedes Problem einen Experten haben, der uns zur bestmöglichen Lösung führt, braucht niemand mehr an überflüssigem Leid zugrunde zu gehen. Überflüssiges Leid – Leiden an schweren Schicksalsschlägen, an der eigenen Schwäche, an Unfähigkeit oder gar Unmoralität – darf nicht sein. Es gilt als lästig und ineffizient. Für Ineffizienzen, Krankheiten, Inkompetenzen, Abweichungen aller Art, die das routinemäßige Funktionieren behindern, hat diese Welt keine Zeit. Hier muss schnelle Abhilfe gefunden werden. Schnell mal ein Einzelcoaching, schnell mal eine Kurzzeittherapie oder ein Meditationskurs im Kloster – schon wird das ganze Leid verflogen sein. Wenn die erhoffte Wirkung immer noch nicht eingetreten sein sollte, setzen wir einfach noch ein Modul obendrauf. Oder wechseln den Anbieter. Die meisten Beratungen und Therapien sind hervorragende Mittel, um uns wieder und wieder von unserem Leid zu befreien. Uns wieder und wieder an die Umstände anzupassen. Nur leider geben sie uns keinen Aufschluss darüber, *wozu* wir das tun sollten.

Wir wissen genau, welche Skills (Fähigkeiten) wir in welcher Lebenssituation brauchen. Unser Anwendungswissen ist enorm. Wir sind Meister darin, je nach Bedarf Powerpoint-Präsentationen zu erstellen oder unsere Psyche zu entschlüsseln. Wir wenden an und setzen um. Wir funktionieren. Die Frage ist nur: Welchen Stellenwert hat unser Funktionieren für das Gelingen unseres Lebens insgesamt? Funktionieren an sich hat nichts mit Gut oder Böse zu tun. Funktionieren an sich hat keinen Sinn.

Uns hoch spezialisierten, technisierten, ewig anpassungswilligen Menschen fehlt eine grundsätzliche Orientierung hinsichtlich unseres Mensch- und Selbstseins. Wer sind wir? Wozu brauchen wir Werte? Ist es überhaupt nötig, gut und böse voneinander zu unterscheiden, wenn doch sowieso alles relativ ist? Keine Ahnung. Niemand zwingt uns, nach Antworten zu suchen. Schließlich will man uns nicht verunsichern. Alles, was von uns verlangt wird, ist Geschäftigkeit. Solange wir beschäftigt sind, funktionieren wir. Mit unserem Beschäftigtsein sichern wir das Funktionieren der Gesellschaft. Ein Rädchen greift ins andere. Bis das Unerwartete geschieht. Bis plötzlich eine Katastrophe – die Ineffizienz in Reinform – unsere Behaglichkeit stört. Bis ein paar wohlgenährte, intelligente, unscheinbare Jugendliche aus unerfindlichen Gründen Amok laufen.

Immer wieder berichten die Medien von Morden in Bildungseinrichtungen, die junge Menschen zu fügsamen Gliedern der Gesellschaft machen sollen. Am 16. April 2007 zum Beispiel erschießt Seung-Hui Cho zweiunddreißig Lehrer und Studenten der Virginia Tech University, bevor er sich selbst tötet. Zwischen sieben Uhr fünfzehn und neun Uhr dreißig macht Cho eine kleine Pause, um *NBC News* auf dem Laufenden zu halten: Er schickt dem Nachrichtensender ein Infopaket mit aktuellen Fotos und Videos vom Tag des Massakers sowie folgende Erklärung:

> Ihr habt mein Herz zerstört, meine Seele geschändet und mein Gewissen abgefackelt. Dank euch sterbe ich wie Jesus Christus, um Generationen von Schwachen und Wehrlosen zu inspirieren.

Medienbewusstsein zeigen auch Eric Harris und Dylan Klebold, die Urheber des Columbine-High-School-Blutbads von 1999. Vor der Tat filmen sie sich, während sie darüber debattieren, welcher Regisseur – Steven Spielberg oder Quentin Tarantino – am geeignetsten wäre, ihre Aktion zu inszenieren. Dank umfangreicher multimedialer Berichterstattung werden die Mörder der Columbine High School nicht nur so berühmt wie echte Filmstars, sie hinterlassen allen, die es ihnen gleichtun wollen, auch gleich das Drehbuch zum Ruhm. Zum Beispiel dem jungen Finnen Pekka-Eric Auvinen, der unter dem Pseudonym »NaturalSelector89« (»Sturmgeist89«) mehrere YouTube-Videos ins Netz stellt. Jeder kann ihn anklicken und zusehen, wie er sich in dem Film, dem er den Namen *Jokela High School Massacre* gab, über die Dummheit der Menschen ereifert und seine Bewunderung für die Helden der Columbine High School und der Virginia Tech University ausdrückt. Im November 2007 tötet »Naturalselector89« acht Menschen und sich selbst an seiner Schule in Tuusula. Sein Vermächtnis ist ein Manifest (das 2008 einem anderen jungen Finnen als Motiv für ein weiteres Schulblutbad dient):

> Der Prozess der natürlichen Selektion ist heute völlig fehlgelenkt, verkehrt. Zurückgebliebene, dumme und willensschwache Leute vermehren sich mehr und schneller als intelligente und willensstarke Leute. *Homo sapiens*, HAH!

Für mich ist es mehr ein *Homo idioticus*! Wenn ich mir die Leute anschaue, die ich jeden Tag in der Gesellschaft, in der Schule und überall sehe ... ich kann nicht sagen, dass ich zu deren Rasse gehöre, dieser lausigen, elenden, arroganten, selbstsüchtigen Menschenrasse!

Irgendetwas stimmt hier nicht. Wie kann es sein, dass junge Menschen, statt freudig und neugierig ihre Zukunft anzupacken, als Mörder enden? Wie kommt es, dass sie derart durchdrehen, anstatt sich die ihnen gemäßen Module (»Lernen«, »Flirten«, »Spaßhaben«) zusammenzustellen? Für ein bisschen posthumen Ruhm? Was Seung-Hui Cho und andere taten, war böse. Das können wir nicht einfach »wegrelativieren«. Es mag sein, dass die Betroffenen an Depressionen oder an pathologischem Narzissmus litten, Erkrankungen, die nach Meinung vieler Gesundheitsexperten immer mehr zunehmen. Aber natürlich wäre es kurzsichtig, Erklärungen für das Böse ausschließlich im Bereich psychischer Störungen zu suchen. Betrachten wir die unerklärlichen Taten der Jugendlichen einmal vor dem Hintergrund eines gesamtkulturellen Phänomens: dem Un-Sinn des ewigen Funktionieren-Müssens.

Kulturelle Einrichtungen, die eine Perspektive jenseits bestimmter Perfektionsideale erschließen, sind rar. Früh übt sich, wer im globalen Wettbewerb mithalten soll. Schon im Kindergarten geht es darum, wer mehr englische oder französische Vokabeln beherrscht, wer mehr Medaillen für seine Leistungen einheimst. Die heutigen Bildungseinrichtungen sind angehalten, sich weniger um Fragen der Identität oder Werteorientierung zu kümmern, als um den künftigen Marktwert ihrer Kunden.

Die Erwartungen an die individuelle Leistungsbereitschaft sind grenzenlos. Schon in jungen Jahren stellen wir fest: Es gibt nie ein Zuviel an Leistung, immer nur ein Zuwenig. Nur wer leistet, kann funktionieren. Und wer am besten funktioniert, leistet am meisten. Wofür? Aus dem Gefühl, grenzenlos leisten zu müssen, entsteht das Gefühl ständigen Ungenügens. Wir können nicht einfach nur so sein. Von uns wird erwartet, dass wir funktionieren, ohne zu fragen warum. Wir sollen grundlos funktionieren. Einfach um des Funktionierens willen. Wir sollen lernen, studieren, Karriere machen, Kinder kriegen, Sport treiben, unser Geld vermehren, Irrwege vermeiden – und bloß keine Fragen stellen. Doch Menschen, die verlernen, Fragen zu stellen, verlieren ihre Neugier. Ihnen fehlt die *Fantasie*, ihr Leben selbst in die Hand zu nehmen. Für sie gibt es kein Neuland, nur die Leere des Altbekannten und Austauschbaren. Kindergärten, Schulen, Supermärkte, Coffee Shops, Apple Stores, Facebook, studiVZ. Nicht die Fülle an Optionen, nicht die leichte Verfügbarkeit an Lebensmodulen ist es, die die Jungen zu Mördern macht, sondern die gähnende Leere dahinter. Die jugendlichen Amokläufer wachsen in dem Bewusstsein auf, dass es auf dieser Welt nichts mehr zu erkunden, nichts mehr zu erobern gibt. Zwischen dem fünfzehnten und fünfundzwanzigsten Lebensjahr, wenn ihr geistig-seelisches Entwicklungspotenzial am höchsten ist, sitzen sie reglos und mit abgebissenen Fingernägeln vor ihren elektronischen Geräten. Sie schieben die Mouse hin und her und warten, dass sich die Leere mit irgendetwas füllt. Vergeblich. Das Leben erscheint ihnen vollkommen absurd. So verwenden sie das letzte bisschen Leidenschaft, das ihnen geblieben ist, darauf, etwas wirklich Böses zu tun: einen ebenso spektakulären wie unentschuldbaren Akt, der dem absurden Leben ein Ende setzen soll.

Die Erfahrung des Absurden (von Lateinisch *absurdus* für »misstönend«, »ungereimt«, »sinnlos«) betrifft keinesfalls nur den Spezialfall fehlgeleiteter Jugendlicher. Sie stellt in gewisser Weise auch die Standardsituation des modernen Menschen dar, der sich zwar damit abgefunden hat, dass kein

Gott seine Rufe erhört, dass sich ihm die Welt, in der er sich vorfindet, schrecklich gleichgültig zeigt – der es aber trotzdem nicht lassen kann, dieser Welt seinen Stempel aufzudrücken. Zum Beispiel, indem er Kriege führt oder Bakterien mit künstlichem Erbgut erschafft.

Im Alltag verbindet sich das Absurde mit der fraglosen Akzeptanz routinemäßiger Vorgänge. Es ist absurd, dass wir jeden Morgen um sechs Uhr dreißig aufstehen, eine Tasse Kaffee herunterschütten, uns im Auto rasieren oder Rouge auflegen, nur damit wir um neun Uhr drei an unserem Schreibtisch sitzen und bis sechs Uhr fünfundvierzig mit krummem Rücken irgendwelche Vorgänge bearbeiten, deren Bedeutung für die Nachwelt gering ist. Es ist absurd, dass wir uns damit plagen, uns in Neoprenanzüge zu zwängen, Gewichte zu stemmen und Kohlenhydrate zu zählen, obwohl klar ist, dass wir in wenigen Jahrzehnten zu Staub zerfallen sein werden. Dennoch freunden wir uns mit unserer absurden Lage an. Wir gewöhnen uns an sie. Wir funktionieren. Bis uns das monotone Tagein, Tagaus plötzlich anekelt. Plötzlich kommt uns die Hand unseres Chefs, die wir seit zwanzig Jahren schütteln, wie eine dicke Wurst vor. Auf einmal entdecken wir auf dem Gesicht der Kassiererin im Supermarkt lauter kleine Maulwurfshügel. In die Stimmen, die uns über das Handy ins Ohr kriechen, mischt sich ein teuflisches Rauschen. Und wenn wir abends erschöpft ins Bett fallen, ist uns, als führen wir mit hundert Stundenkilometern in einen Tunnel. Das Vertraute wird uns fremd. Von heute auf morgen. Uns wird klar, dass die Gewohnheit nichts an der Absurdität ändert:

Dann stürzen die Kulissen ein. Aufstehen, Straßenbahn, vier Stunden Büro oder Fabrik, Essen, Straßenbahn, vier Stunden Arbeit, Essen, Schlafen, Montag, Dienstag, Mittwoch, Donnerstag, Freitag, Samstag, immer derselbe Rhythmus –

das ist sehr lange ein bequemer Weg. Eines Tages aber steht das »Warum« da, und mit diesem Überdruss, in den sich Erstaunen mischt, fängt alles an.

So beschreibt es der französische Philosoph Albert Camus (1913–1960) 1942 in seinem Essay *Der Mythos des Sisyphos*. Wer einmal angefangen hat zu fragen, kann nicht mehr damit aufhören. Erst recht nicht, wenn er keine Antwort bekommt. Ist das Leben wirklich so absurd und sinnlos? Wenn ja, was soll ich tun? Soll ich mich umbringen oder gegen die Sinnlosigkeit ankämpfen?

Sisyphos, mythologischer König von Korinth, machte sich der Hybris *(hy'bris)* schuldig. So nannten die Griechen die Überheblichkeit, mit der sich der Mensch über seine natürlichen Grenzen hinwegzusetzen versucht. Sisyphos ignoriert seine Sterblichkeit. Zweimal gelingt es ihm, den Tod zu überlisten. Nachdem er dem Flussgott Asopos verraten hat, dass Zeus seine Tochter Aigina entführt hat, zieht er den Ärger des obersten olympischen Gottes auf sich. Er schickt dem Verräter Thanatos (Hades), den Todesgott. Sisyphos will aber partout nicht sterben. Er bindet Thanatos mit dessen eigenen Fesseln. Er bittet ihn, ihm zu zeigen, wie man diese anlegt – und zieht sie dann plötzlich fest. So bleibt der Todesgott ein paar Tage in Sisyphos' Haus gefangen. Eine völlig widernatürliche Situation: Denn während dieser Zeit kann niemand sterben, nicht einmal jene Menschen, die enthauptet oder geviertelt wurden. Endlich befreit der Kriegsgott Ares Thanatos, und Sisyphos lässt sich scheinbar willig in die Unterwelt abführen. Allerdings überredet er vorher seine Frau Merope, ihm die letzten Ehren zu verweigern. Im Hades beklagt er sich dann, dass Merope ihm keine Grabspenden nachgeschickt hat, und handelt mit Persephone, Thanatos' Frau, einen Ausflug nach Korinth aus, um die

Wolfgang Mattheuer, Die Flucht des Sisyphos, 1972

Dinge im Diesseits zu regeln. Er verspricht ihr, nach drei Tagen wieder zurückzukommen. In Korinth angelangt, denkt er aber gar nicht daran, in die Unterwelt zurückzukehren. Und so entrinnt er das zweite Mal dem Tod.

Als Sisyphos schließlich in hohem Alter verstirbt, erwartet ihn eine besonders grausame Strafe. Die Götter verdammen ihn, der es gewagt hat, gegen die Endlichkeit des Lebens aufzubegehren, einen Felsblock den Hang eines Berges hinaufzuwälzen. Kaum hat der riesige Stein den Gipfel erreicht, rollt er von selbst wieder hinunter, und Sisyphos muss seine Arbeit von neuem beginnen. Statt des ewigen Lebens wird Sisyphos eine unendliche Qual beschert – die Qual sinnloser Anstrengung.

Zahlreiche Interpretationen vom Mittelalter bis ins 17. Jahrhundert hinein porträtieren Sisyphos als leidenden Büßer.

Danach symbolisiert er den ohnmächtigen Menschen, der sich ständig vergeblich abmüht: mit seiner Arbeit, seinen Beziehungen, seinen Kunstwerken, seinen politischen Ideen.

Albert Camus ist der erste Interpret, der Sisyphos ins Gesicht schaut – nicht während er den Stein hinaufschiebt, sondern während er zum Fuß des Berges zurückkehrt:

Ich sehe, wie dieser Mann schwerfälligen, aber gleichmäßigen Schrittes zu der Qual hinuntergeht, deren Ende er nicht kennt. Diese Stunde, die gleichsam ein Aufatmen ist und ebenso zuverlässig wiederkehrt wie sein Unheil, ist die Stunde des Bewusstseins ... *Sisyphos*, der ohnmächtige und rebellische Prolet der Götter, kennt das ganze Ausmaß seiner unseligen Lage: über sie denkt er während des Abstiegs nach. Das Wissen, das seine eigentliche Qual bewirken sollte, vollendet gleichzeitig seinen Sieg. Es gibt kein Schicksal, das durch Verachtung nicht überwunden werden kann.

Camus' Sisyphos hat keine Lust, Opfer zu sein. Die Routine des Steinwälzens verstärkt nicht seine Machtlosigkeit, sondern weckt seine Fantasie. Er denkt um die Ecke. Und kommt zu dem Ergebnis, dass seine Lage gar nicht so schrecklich ist. Göttliche Strafe hin oder her: Er kann immerhin wählen, ob er daran verzweifeln will – oder eben nicht: »Darin besteht die ganze verschwiegene Freude des *Sisyphos*. Sein Schicksal gehört ihm. Sein Fels ist seine Sache.«

So sieht Camus keinen Grund, den ehemaligen König von Korinth zu bedauern. Er bewundert ihn vielmehr:

Jedes Gran dieses Steins, jeder Splitter dieses durchnächtigten Berges bedeutet allein für ihn eine ganze Welt. Der Kampf gegen Gipfel vermag ein Menschenherz auszufüllen. Wir müssen uns *Sisyphos* als einen glücklichen Menschen vorstellen.

Camus warnt uns, unser Leben mit routinemäßigem Stumpf-
sinn zu verplempern. Ja, meint er, das moderne Leben ist
absurd. Ob wir uns dessen bewusst sind oder nicht. Wenn
wir uns umbringen, setzen wir zwar der Absurdität ein Ende,
stellen damit auch keine neue (sinnstiftende) Ordnung her.
Da der Tod also nicht die erhoffte Erlösung bringt, ist er
gegen Selbstmord. Er hätte nichts davon gehalten, dass sich
die Mitarbeiter von FranceTélécom, Renault und PSA Peu-
geot Citroën reihenweise das Leben nehmen, nur weil von
Freiheit, Gleichheit, Brüderlichkeit nicht mehr viel übrig ist.
Nach Camus' Meinung hätten Tim Kretschmer, Robert Stein-
häuser und alle anderen jungen Amokläufer, die sich selbst
gerichtet haben, aus dem Bewusstsein der Absurdität etwas
Sinnvolleres machen können als ein Blutbad.

Es hat keinen Sinn, an dieser Welt zu verzweifeln. Wir sollten ihr lieber mit mehr Fantasie begegnen. Aber genau das
verhindern wir, indem wir unser Leben routinemäßig in Module gliedern. Das Leben besteht nun einmal nicht aus Einzelteilen, sondern aus Herausforderungen. Solange wir nur
immer damit beschäftigt sind, zu leisten, zu funktionieren,
einzukaufen, herumzubasteln und zwischendurch mal kurz
die Sinnfrage zu stellen, weichen wir diesen Herausforderungen aus. Wir leben nicht, wir lassen uns leben. Camus
fordert uns auf, unsere Geschäftigkeit zu unterbrechen, eine
Pause einzulegen. Wir müssen uns selbst ins Gesicht schauen,
um klar zu sehen, wer wen in der Hand hat: die Absurdität
uns oder wir die Absurdität?
    Die ewig gleichen Meetings, Anzüge, Kostüme, Hotelzim-
mer und Appartements, die ewigen Gänge in Konferenz-
räume und zu Teambesprechungen, die ewigen Flughäfen,
Bahnhöfe, U-Bahn-Stationen, Autobahnen, Mietwägen, Busi-
ness-Lunchs, Headsets, Laptops und USB-Sticks – das sind
unsere Steine, die wir wieder und wieder den Berg hochwäl-

zen. Keine Felsbrocken – Kieselsteine. Das moderne Leben mit seinen Annehmlichkeiten hat das Gewicht unserer Steine merklich verringert. Anders als Sisyphos müssen wir bei unseren täglichen Aufgaben nicht mehr schwitzen. Alles ist ziemlich easy. Wenn wir keine Lust mehr zum Bergsteigen haben, nehmen wir einfach den Lift.

Auch unsere Kinder sollen sich nicht mehr als nötig quälen, wenn sie nicht wollen. Sie leisten schließlich schon genug. Sie sollen ebenso ihren Spaß haben. Also kaufen wir ihnen eine PlayStation und ein internetfähiges Handy und erwarten im Gegenzug, dass sie zu wertvollen Menschen heranreifen. Leider haben diese Kinder oft nicht die geringste Ahnung, dass solche Erwartungen in sie gesetzt werden. Sie sind eher unzufrieden, weil ihr langweiliges Leben nicht aufregender ist. Da ihnen niemand vorlebt, wie man es anstellt, aus der Routine auszubrechen, ziehen sie sich in die Bequemlichkeit zurück. Sie entwickeln einen hartnäckigen Hang zur Passivität. So wird jeder fantasievolle Gedanke im Keim erstickt. Das Sich-unterhalten-Lassen, Sich-volllaufen-Lassen, Sich-casten-Lassen wird zum Lebensprinzip. Unseren Kindern ist so öde, dass sie den einzigen Ausweg aus ihrer Misere darin sehen, Popstar zu werden. Sie lassen es zu, in entwürdigenden Posen von Detlef D! Soost beschimpft zu werden, sie lassen sich vor der Kamera die größten Familiengeheimnisse entlocken – vom körperlichen Missbrauch bis zur Leukämie –, nur für ein paar kurze Auftritte vor großem Publikum (und sei es auch nur ein aus Hinzenburg oder Schlüsselfeld-Aschbach angereistes Studiopublikum).

Wir geben die Absurdität unserer Alltagsroutine an unsere Kinder weiter, anstatt sie zu ermutigen, ihren Blick für das Leben jenseits der Routine, jenseits der Alternativen ewiger Geschäftigkeit (Leisten und Funktionieren) und ausdauernder Passivität (Sich-leben-Lassen) zu schärfen. Es fehlt uns an Vorstellungsvermögen. Wenn wir nicht weiterwissen, schicken wir unser Kind in Therapie. Wir wollen, dass uns jemand die lästigen Steine abnimmt. Wir kommen gar nicht auf die Idee, dass diese zu unserem Menschsein dazugehören. Dass es *unsere* Steine sind. Stattdessen überlassen wir unser Schicksal Experten, die unsere Situation als »Problem« deklarieren, für das eine bestimmte »Lösung« gefunden werden muss.

Es ist Zeit, dass wir uns von unserer Fixierung auf Lösungen erst einmal verabschieden und uns in den Irrgarten des Lebens begeben. Dorthin, wo nichts mehr vertraut ist. Wo es auf den Mut ankommt, sich zu verlaufen. Wir sollten unsere Navigationssysteme im Keller verstauen und allein losziehen. Ohne Handy, ohne Laptop. Um endlich auszukundschaften, wie weit wir ohne Hilfsmittel gehen können. Wie viel Orientierungslosigkeit wir aushalten können, ohne nach unserem Berater zu rufen. Unsere Versuche, die Begegnung mit dem Fremden, Geheimnisvollen, Rätselhaften zu verhindern, machen unser Leben nicht leichter, sondern nur noch absurder. Unsere Gewohnheit, krampfhaft an der Routine festzuhalten und den spannenden Seiten des Lebens auszuweichen, ist nicht gerade zukunftsweisend. Begegnen wir dem Leben also mit etwas mehr Fantasie und Kreativität. Nehmen wir nicht alles einfach so hin. Werfen wir unseren Denkapparat an und fragen wir uns einmal, wie es eigentlich mit unserem freien Willen bestellt ist.

Philosophisches Gedankenexperiment: Freiheit oder Bestimmung?

Robert ist bekannt für seine Wankelmütigkeit. Heute will er unbedingt in Berlin studieren, morgen in Heidelberg. Kaum hat er beschlossen, einen freien Platz in einer Heidelberger WG ausfindig zu machen, fällt ihm ein, dass er lieber doch nicht studieren will. Er möchte Tierpfleger werden. Wenn man Robert kennt und endlich meint, man hätte ihn durchschaut, überrascht er einen von neuem. Denkt man, Robert wäre nie bereit für eine feste Beziehung, zeigt er stolz seinen Verlobungsring. Glaubt man, Robert wäre endlich vernünftig geworden, eröffnet er einem, er hätte in Australien ein Stück Land erworben, um Tabak anzupflanzen.

Ein Mensch wie Robert, der sich in seinen Entscheidungen derart wechselhaft zeigt, erweckt in uns den Eindruck, dass wir tatsächlich tun und lassen können, was wir wollen. Jemand wie Robert scheint den Beweis zu liefern, dass sich ein mit Geist ausgestatteter menschlicher Organismus fundamental von einem Teekocher oder einem Anrufbeantworter unterscheidet.

Könnte es nicht dennoch sein, dass auch Robert nur scheinbar frei in seiner Lebensplanung ist? Dass die Kontrolle, die er durch seine Entscheidungen über seine Umwelt ausübt, in Wahrheit gar keine Kontrolle ist, sondern ein Automatismus? Schließlich trägt Robert bestimmte Gene in sich, die ihn in der einen oder anderen Weise konditionieren, zum Beispiel das Gen der Wankelmütigkeit. Viel weist darauf hin, dass seine Handlungen ihren Ursprung eher in der antiautoritären Erziehung seiner Eltern haben als in seinem freien Willen. Es könnte auch sein, dass Robert durch bestimmte kulturelle Einflüsse darauf programmiert wurde, sich so und nicht anders zu verhalten. Vielleicht haben seine Entscheidungen gar nichts mit spontaner Aktion, sondern bloß mit *Reaktion* zu tun. Vielleicht ist es hirnrissig anzunehmen, er wäre weit mehr als ein Roboter. Vielleicht ist sein ganzes Leben in den neuronalen Netzwerken, mit denen er zur Welt kam, schon vorgezeichnet.

Wenn Roberts und unser aller Lebenslauf praktisch vorhersagbar ist – durch die professionelle Entschlüsselung von Genen, Nervenzellen und Umwelteinflüssen –, heißt das auch, dass wir nicht frei sind, an dieser Vorhersage etwas zu ändern? Angenommen, bestimmte Wissenschaftler behaupten, all unser Verhalten sei determiniert. Angenommen, sie sagten uns voraus, dass wir zwischen einem Felsbrocken und einem Kieselstein den Kieselstein wählen würden. Wenn wir diese Voraussage aber unterlaufen, indem wir doch den Felsbrocken nehmen: Haben wir die These von der Determiniertheit unseres Verhaltens dadurch widerlegt? Oder bestätigen wir damit nur eine weitere Voraussage – die nämlich, dass wir, wenn wir von der ersten Vorhersage wüssten, genau das Gegenteil tun würden?

Vielleicht ist Freiheit wirklich eine Illusion. Womöglich waren Sie gar nicht frei, als Sie vor vier Jahren beschlossen zu heiraten und vor zwei Jahren, sich wieder zu trennen. Es könnte sein, dass Sie einfach schon immer dazu verurteilt waren, Ihr Programm abzuspulen, so wie Sisyphos dazu verurteilt war, seinen Felsen zu wälzen. Wenn es so wäre, wäre es dann nicht absurd, sich aufzuregen, wie Sie es taten, als Sie meinten, eine falsche Entscheidung getroffen zu haben? Wenn Sie einfach nur getan hätten, was ursächlich vorprogrammiert war, müssten Sie sich auch nicht den Kopf darüber zerbrechen. Sie müssten überhaupt nichts mehr tun, sich weder für noch gegen etwas entscheiden. Sie könnten aufhören sich schuldig zu fühlen – und sich entspannen. Ihr Leben würde seinen Lauf nehmen, ob Sie sich daran beteiligten oder nicht.

Vielleicht verhält es sich aber ganz anders. Vielleicht gibt es weder einen freien Willen, ein frei entscheidendes »Ich«, noch irgendwelche Kausalketten, die Ihr Handeln determinieren. Vielleicht ist alles nur *Zufall*. Wenn alles nur Zufall wäre, gäbe es auch keine Absurdität. Absurd kann uns das Leben ja nur deshalb erscheinen, weil wir immer noch Sinn in ihm finden wollen – zumindest meinen wir das. Vielleicht ist ja auch dieses Wollen determiniert ... Wenn alles Zufall wäre, gäbe es auch keinen Sinn. Was wäre Ihnen lieber? Möchten Sie lieber davon ausgehen, einen freien Willen zu haben, oder in dem Glauben leben, dass all Ihre Entscheidungen Zufall sind? Möchten Sie sich dafür entscheiden, auf die Suche nach dem Sinn des Lebens zu gehen (selbst wenn Sie diesen Sinn vielleicht nie finden) – oder sich einfach dem sinnlosen Zufall überlassen?

Wenn alles wirklich bloß ein Zufallsprodukt des Universums wäre – Ihre Beschlüsse, Ihre Handlungen –, wären auch Sie nur Zufall. Vermutlich fällt es Ihnen schwer, sich das vorzustellen. Wie soll auch alles Zufall sein, wenn Sie doch genau *wissen*, dass Sie selbst es waren, der oder die sich in jedem Augenblick Ihres Lebens für oder gegen etwas entschieden hat. Und dass Sie dadurch jeweils bekommen oder nicht bekommen haben, was Sie wollten. Einfach deshalb, weil Sie immer einen Grund hatten, sich zu entscheiden. Oder nicht?

II

Anstiftung zum Irren

Wechseln musst du deine Lebensanschauung,
nicht Gegend und Klima.

SENECA

5 Irrfahrten – von Odysseus zu Jack Bauer

2009 erscheint in vielen Zeitschriften eine ganzseitige Anzeige für das neue *BlackBerry Storm2 Smartphone.* Ein ellipsenförmiger Fotoausschnitt zeigt ein junges Paar auf einem sonnenbeschienenen und motorbetriebenen Schlauchboot, das durch ein Gewässer unbekannten Ausmaßes düst. Beide tragen Funktionskleidung. Die junge Frau blinzelt fasziniert durch die Gischt, und auch die Augen des jungen Mannes hinter seiner Sonnenbrille scheinen vor Begeisterung zu glitzern. Im Hintergrund erhebt sich ein wenig bedrohliches Gebirge. Das Foto ist mit den Worten: »Stürme das Leben« betitelt. Interessierte sind frei, auch das Kleingedruckte darunter zu lesen:

Sie lieben es, das Leben in all seiner Schönheit auszukosten. Hinaus in die Welt zu gehen. Zu reden, zu schmecken, zu sehen und zu fühlen. Tun Sie es. Mit dem neuen BlackBerry Storm2. Wir haben alles reingepackt, was Ihr Leben braucht: WLAN, Video-Kamera, die ganze Welt der Apps und ein superscharfes Touchscreen-Display, von dem man einfach nicht mehr seine Hände lassen will. Alles auf engstem Raum.

Wir lieben das Leben. Und wir lieben, was wir tun. Der beste Beweis dafür ist das neue BlackBerry Storm2.

Diese Anzeige illustriert den Abenteuerbegriff des heutigen Menschen, für den Erleben gleichbedeutend mit Dokumentieren ist. Wir vor dem bolivianischen Hochplateau, wir vor dem Kreml, wir in der Provence, einen Strauß Lavendel in der Hand, wir in der Sahara neben einem Tuareg – das alles will nicht nur sinnlich erfahren, sondern auch in digitale Daten umgewandelt werden. Nur wenn wir die von uns bereisten Landschaften als Bits und Bytes weiterverschicken, können wir unsere Freunde an unseren Erinnerungen teilhaben lassen. Nur dann liefern wir ihnen den Beweis, dass wir auch wirklich dort waren. Qualitativ hochwertige Bilder von der Realität einzufangen, halten wir für unbedingt erforderlich – erforderlicher fast, als uns auf die Realität selbst einzulassen.

In den Momenten, in denen wir unsere Reisen filmen oder fotografieren, hören wir auf zu reisen. Wir fangen bloß die Wirklichkeit ein, und indem wir sie einfangen, kontrollieren wir sie. Durch die Kameralinse erscheint der wildeste Dschungel vereinheitlicht, DIN-genormt. Was wir durch die Kamera sehen, ist nichts anderes als das, was wir nach unserer Heimkehr auf dem Monitor betrachten werden. Die (nicht gefilmten) Ereignisse dazwischen fallen kaum ins Gewicht. Was nicht digital festgehalten werden kann, scheint tendenziell uninteressant. Auf diese Weise befriedigen die neuen technischen Möglichkeiten der Welteroberung zwar unser Bedürfnis nach Überschaubarkeit, aber sie helfen uns nicht, mit dem Unüberschaubaren umzugehen.

Egal wo wir uns befinden: Solange wir eine Kamera, ein Handy in der Hand halten, fühlen wir uns orientiert. *Orientierung* haben bedeutet, sich in wechselnden Situationen zurechtzufinden, ob auf Reisen oder im Leben überhaupt. Sich orientieren heißt, sich in einem unübersichtlichen Raum zu bewegen, indem man ein bestimmtes Ziel anpeilt – ursprünglich den Orient, wo die Sonne aufgeht – und so versucht, innerhalb der Unübersichtlichkeit eine gewisse Ordnung (von griechisch *kosmos*) herzustellen. Unsere einmal erlangte Orientierung ist fast nie von Dauer, weil wir ja ständig neue Ziele ins Auge fassen: Erst navigieren wir auf das Ende der Schulzeit zu, dann auf einen Job, auf den Bau eines Hauses, schließlich auf die Wiederherstellung unserer Gesundheit. Mit jeder Umorientierung verändert sich unsere Perspektive, werden unsere Sichtweisen neu geordnet.

Wenn wir die alte Orientierung verlieren und eine neue noch nicht gegeben ist, fangen wir an zu irren. Es kann sein, dass die Verbindung zwischen uns und dem von uns angepeilten Ziel einfach abreißt. Zum Beispiel, wenn wir feststellen, dass wir uns mit dem Hausbau hoffnungslos überschuldet haben. Es kann aber auch sein, dass alle Orientierungszeichen fehlen, weil weit und breit keine sinnvollen Ziele in Sicht sind, an denen wir uns festhalten können. Zum Beispiel, wenn wir aufgrund einer Lebenskrise alles infrage stellen, was uns bisher erstrebenswert schien. Oder weil wir von vornherein zweifeln, ob es überhaupt so etwas wie sinnvolle Ziele gibt. Dann irren wir in unserem (Lebens-)Raum umher, der jetzt kein Kosmos mehr ist, sondern ein Chaos. In diesem zweiten Szenario gleichen wir Schauspielern auf einer leeren Bühne, die in Abwesenheit aller Requisiten und ohne Regisseur nach einem ungeschriebenen Drehbuch zu agieren versuchen. Der einzige Fixpunkt, der uns hier noch bleibt, sind wir selbst. Wir sind der Startpunkt, von dem aus alle Wege in ein Gewirr von Möglichkeiten führen.

Der Zeitgeist will nicht, dass wir uns von den oft unvermeidlich langen und verworrenen Wegen irritieren lassen, die zwischen uns und unseren Zielen liegen. Er will, dass wir nur die Ziele sehen und nicht das Dazwischen. Damit wir schnellstmöglich dort ankommen, wo wir hinwollen, sollen wir unser Geld in Geräte mit Kamera und »superscharfem Touchscreen-Display« investieren. Zugegeben: Diese Geräte sind faszinierend. Leider ändert eine superscharfe Aufnahme von der Realität nichts an der Tatsache, dass die Realität selbst nie superscharf ist – sondern äußerst verwirrend. Trauen wir uns, uns verwirren zu lassen. Denn wenn wir vor lauter Fixierung auf das vermeintlich Transparente verlernen, verwirrt zu sein, zu irren, in die Irre zu gehen, kurz: uns mit den Wirren unserer Existenz bekanntzumachen, verlernen wir am Ende auch das Leben.

Von Odysseus, dem König von Ithaka, können wir viel darüber erfahren, worauf es bei der Kunst des Irrens ankommt. Odysseus ist der erste Held der europäischen Literatur, der sich seinem schicksalhaft vorgezeichneten Weg widersetzt. Anders als bei anderen berühmten Gestalten der griechischen Mythologie – anders als bei Sisyphos, Prometheus oder Ödipus –, ist sein Handeln nicht an eine unausweichliche göttliche Bestimmung gekoppelt. Odysseus ist in der Lage, sich aus jeder noch so verfahrenen Situation zu befreien, mal ganz allein, mal mit göttlicher Hilfe. Seine Irrfahrten erzählen davon, was es heißt, immer wieder dem Fremden zu begegnen, sich immer wieder neu orientieren zu müssen.

Homers *Odyssee* (8. Jh. v. Chr.) präsentiert uns Odysseus als den Vielgewandten (und auch Vielgewanderten). Diese Vielgewandtheit *(polytropía)* zeigt sich in seiner Intelligenz, seinem Wissensdurst, seiner brillanten Rhetorik, seiner Kreativität, Cleverness und seinem unglaublichen Durchhaltevermögen – Qualitäten, die wir heute weniger bei Seefahrern als bei Topmanagern zu finden hoffen. Wie sich im Lauf seiner Reise von Troja nach Ithaka herausstellt, besitzt Odysseus noch zwei weitere wertvolle Eigenschaften: Tugendhaftigkeit – die sich in der Verantwortung sich selbst und seinen Gefährten gegenüber äußert – und Klugheit, im Sinne von: immer das rechte Maß zu wahren, nicht der Hybris zum Opfer zu fallen, die eigenen Grenzen auszutesten, aber nicht zu überschreiten.

Odysseus ist kein gewöhnlicher Seefahrer. Er hat nicht mit schlechten Wetterbedingungen und Piraten zu tun, sondern mit einer Welt des völlig Unbekannten. Er begegnet entweder quasi-göttlichen Wesen oder Monstern. Seine Reise dauert zehn Jahre. Eine lange Zeit, in der er immer wieder dazu verführt wird, zu vergessen. Vergessen würde heißen, nicht nur das Ziel, die Heimat, aus den Augen zu verlieren, sondern auch sich selbst. Wer vergisst, verliert seine Identität. Er weiß nicht mehr, wo er herkommt und wohin er gehen will. Dieser Gefahr widersteht Odysseus, weil seine Sehnsucht zurückzukehren immer größer ist als die Versuchung, vergessen zu wollen. Das zeigt sich schon ganz am Anfang seiner Reise, als seine Männer das Reich der Lotophagen, der Lotosfresser, erkunden. Wenn Menschen von dieser exotischen Frucht kosten, verlieren sie die Erinnerung an alles, auch an das Bewusstsein ihrer selbst. Sie fallen in eine Art sorgenfreie Trance – so auch die drei von Odysseus geschickten Abgesandten, die mit den Einheimischen Kontakt aufnehmen sollen. Als sie nicht zurückkommen, spürt Odysseus sie auf. Anstatt es sich nun einfach zu machen und sich ebenfalls dem Vergessen hinzugeben, zerrt er sie mit Gewalt zu ihrem Schiff zurück.

Durch alle Abenteuer hindurch behält Odysseus stets das Ziel, sein Zuhause, im Auge. Aber er ist auch neugierig auf die fremden Welten, die ihn auf seiner Reise erwarten. Er riskiert es, von Zeit zu Zeit die Orientierung zu verlieren. Seine Gefährten mögen ihn noch so sehr warnen, Odysseus setzt es sich in den Kopf, das Land der Kyklopen zu erforschen, jene riesigen Ungeheuer mit nur einem einzigen Auge auf der Stirn, die von der Schafzucht leben. Die Griechen entdecken eine Höhle mit Lämmern, Milch und Käselaiben und machen es sich dort gemütlich. Da kommt der Eigentümer, der Kyklop Polyphem (Polyphemos), nach Hause und verschließt den Höhleneingang hinter sich mit einem gigantischen Stein. Er setzt sich, um die Lämmer zu melken, und jetzt erst bemerkt er, dass er ungebetenen Besuch hat. Odysseus appelliert an seine Gastfreundschaft, doch Polyphem hat Hunger und verzehrt erst einmal einige Mannschaftsmitglieder.

Der König von Ithaka ersinnt einen Plan, um dem Schicksal des Gefressenwerdens zu entgehen. Er bietet Polyphem einen starken, honigsüßen Wein an, den der Riese gleich gierig in sich hineinschüttet. Dann fragt ihn Polyphem nach seinem Namen. »Mein Name ist Niemand«, sagt Odysseus. (Im Griechischen ein Wortspiel: *outis* (niemand) lässt *oudeís* (Odysseus) anklingen, aber auch an *metis* (List) denken). Polyphem gibt sich großzügig und verspricht, seinen Wohltäter als Letzten zu fressen. Als er eingeschlafen ist, bringen Odysseus und seine Männer einen zugespitzten Pflock von grünem Olivenholz und rammen ihn in Polyphems einziges Auge. Das Ungeheuer brüllt vor Schmerzen. Die benachbarten Kyklopen eilen zu Hilfe. Sie fragen ihn, wer ihm das angetan habe – und bekommen natürlich zu hören: »Niemand.« So können sie nichts tun, als verständnislos abzuziehen.

Philosophisch gesehen beruht Odysseus' List auf seiner Erkenntnis, dass Worte mit den Gegenständen, die sie bezeichnen, nie untrennbar verbunden sind. Name (»Niemand«) und Benannter (Odysseus) sind nur für den identisch, der dieser Identität Glauben schenkt. Aber die Sache ist noch komplizierter: Odysseus führt Polyphem mit einem Namen, der gar keiner ist, sondern bloß auf die Abwesenheit einer

Person verweist, in die Irre. Er trägt die Bezeichnung »Niemand« wie eine verfremdende – und dadurch schützende – Maske: eine äußerst kluge Vorgehensweise. Für Max Horkheimer (1895–1973) und Theodor W. Adorno (1903–1969) ist Odysseus deshalb keine mythologische Figur im eigentlichen Sinne mehr, sondern das Sinnbild des aufgeklärten Menschen. In ihrer *Dialektik der Aufklärung* von 1947 schreiben die beiden Philosophen:

> Das mythische Schicksal, Fatum, war eins mit dem gesprochenen Wort ... List jedoch besteht darin, den Unterschied auszunutzen. Man klammert sich ans Wort, um die Sache zu ändern ... Weil sich dem Namen Udeis (so Horkheimers und Adornos Umschrift von Odysseus, R. R.) sowohl der Held wie Niemand unterschieben lässt, vermag jener den Bann des Namens zu brechen ... Er bekennt sich zu sich selbst, indem er sich als Niemand verleugnet, er rettet sein Leben, indem er sich verschwinden macht.

Odysseus' Verwirrspiel mit dem falschen Namen, der ihm eine falsche (nicht-existente) Identität verleiht, funktioniert nur deshalb, weil er selbst genau weiß, wer er ist. Die Begegnung mit der erschreckend fremden Welt der Kyklopen erschüttert ihn nicht, sondern stärkt ihn. Er lernt sich dadurch nur noch ein bisschen besser kennen.

Auch in einer weiteren berühmten Episode zeigt sich, wie wenig Angst er vor dem Andersartigen hat. Odysseus möchte unbedingt den betörenden, aber todbringenden Gesang der Sirenen hören. Die Insel dieser unheimlichen Frauen, die auf antiken Vasen mit Vogelflügeln und -krallen abgebildet sind, ist von einem Haufen verwesender Leichen gesäumt – den Leichen unzähliger Seefahrer, die dem Ruf der Sirenen folgten und von ihnen ins Verderben gelockt wurden. Doch Odysseus kann der Versuchung einfach nicht widerstehen.

Kopf des Odysseus der Polyphem-Gruppe von Sperlonga, 2. Jh. v. Chr.

Um sein gleichsam wissenschaftliches Interesse zu befriedigen, ohne aber sich und seine Männer zu gefährden, folgt Odysseus dem Rat der Zauberin Kirke. Er verstopft die Ohren seiner Gefährten mit Bienenwachs und lässt sich von ihnen mit Tauen an den Schiffsmast binden. Die Gesänge tun ihre Wirkung: Odysseus schlägt wie wild um sich und bettelt darum, befreit zu werden. Doch die Gefährten ziehen die Taue einfach noch fester. Wie bei der Begegnung mit Poly-

Kiefer Sutherland als Jack Bauer in der Fernsehserie 24

phem entgeht Odysseus durch sein cleveres Handeln einem schicksalhaften Ende. Wieder findet er eine Lücke im mythologischen Gesetz der Unausweichlichkeit. Wie Horkheimer und Adorno bemerken: »Im urzeitlichen Vertrag ist nicht vorgesehen, ob der Vorbeifahrende gefesselt oder nicht gefesselt dem Lied lauscht.«

König Odysseus bleibt durch alle Berührungen mit dem Fremden hindurch er selbst. Egal was er erlebt, seine Souveränität steht nie infrage. Er lässt sich vom Unbekannten und Bedrohlichen nicht irritieren, sondern wächst an ihnen. Seine Irrfahrt kostet ihn zehn Jahre seines Lebens. Aber hätte er sich das Irren erspart, hätte er einen kürzeren und direkteren Weg nach Ithaka genommen, wäre er wohl kaum der weise und erfahrene Held geworden, als der er berühmt wurde.

Jahrtausende liegen zwischen Odysseus und Jack Bauer, dem Helden der amerikanischen TV-Serie 24. Was hat Odysseus, Schöpfung einer längst versunkenen Hochkultur, mit einer Fernsehfigur zu tun?

24 ist eine der erfolgreichsten amerikanischen Actionserien der letzten Jahre. Sie erzählt vom Kampf des Bundesagenten Bauer und seiner Kollegen von der CTU (Counter Terrorist Unit) gegen den internationalen Terrorismus. Jede Staffel umfasst die ineinander verflochtenen Ereignisse eines ganzen Tages. Die einzelnen Handlungsstränge entwickeln sich in Echtzeit. Das heißt, eine Staffel dauert – inklusive Werbeunterbrechungen, während derer wir uns die fortlaufenden Ereignisse selbst zusammenreimen können – genau vierundzwanzig Stunden. Vor jeder Werbepause wird in der Mitte des Bildes eine Digitaluhr mit Stunden-, Minuten- und Sekundenanzeige eingeblendet, auf der man das Verstreichen der Zeit erkennen kann. Das Ganze ist mit einem bedrohlichen Piepen unterlegt.

24 folgt einem strikt linearen, chronologischen Zeitablauf. Wir werden Zeuge einer unbarmherzigen Aneinanderreihung von Augenblicken. Stillstand oder Umkehr sind unmöglich. In diesem Zeiterleben spiegelt sich unsere Hochleistungsgesellschaft, die nur eine Richtung kennt: vorwärts. Gegen Jack Bauer, der fast in jedem Moment seiner Fernsehexistenz mit maximaler Nerven- und Muskelanspannung über den Bildschirm springt, erscheint Odysseus geradezu

phlegmatisch. In der *Odyssee* gibt es nicht nur Action, sondern auch bemerkenswerte Verzögerungen. Auf der Insel der Zauberin Kirke verweilt Odysseus ein Jahr, um sich den Genüssen des Essens und Trinkens und der Liebe hinzugeben. Bei der lieblichen Kalypso bleibt er – Heimweh hin oder her – sogar sieben Jahre. Diese Verzögerung dient nicht nur der Dramaturgie, sie macht Odysseus auch mit einer ganz neuen Zeiterfahrung bekannt. Odysseus landet bei Kalypso, nachdem er als Einziger einen Schiffbruch überlebt hat. Die Nymphe will ihn als ihren Geliebten für immer bei sich festhalten. Dafür bietet sie ihm an, ihn unsterblich zu machen. Bei Kalypso gibt es keine tickenden Uhren, die lineare Zeit steht still. In ihrem Reich folgt die Zeit einem anderen Gesetz als dem der Chronologie, bei ihr ist Odysseus gleichsam außerhalb der Zeit. So bekommt er einen kleinen Vorgeschmack von der Zeit der Götter: der Ewigkeit. Er verirrt sich in dieser unbekannten Dimension, um bald zu erkennen, dass das göttliche Dasein nichts für ihn ist. Dass er lieber Mensch bleiben und an der Seite seiner geliebten Frau Penelope in Ithaka alt werden will. Und so segelt er – mithilfe von Zeus und Athene, der Göttin des Krieges und der Weisheit – endlich weiter in Richtung Heimat.

Von einer solchen Auszeit kann Jack Bauer nur träumen. Zwar hat er nach vierundzwanzig Stunden Amerika und die Welt vor Terroranschlägen bewahrt. Doch damit ist die Geschichte noch lange nicht zu Ende. Kaum ist ein Tag atemloser Kampfeinsätze vorbei, kaum hat er sein Ziel erreicht, beginnt alles von vorn. Die hohen Einschaltquoten zwingen Bauer wieder und wieder zur Rückkehr auf den Bildschirm. Eine Staffel reiht sich an die andere. Bauers Lebenszeit ist zyklisch. Solange die Quoten stimmen, befindet er sich in einem ähnlichen Kreislauf wie Sisyphos. Bis die Serie abgesetzt wird, steckt er in einer unendlichen Wiederholungsschleife.

Jack Bauers Irrfahrten führen nicht durch eine Welt mythischer Gestalten. Das, was in 24 gezeigt wird, ist eine Wirklichkeit, wie sie uns aus anderen Filmen und aus den Nachrichten vertraut ist: der schwarze US-Präsident, die zu Schützen oder Computerspezialisten perfekt ausgebildeten Agenten, die amerikanischen Straßenszenen, Highways, Transporter, Hubschrauber, die arabischen Terroristen, die russischen und chinesischen Bösewichte. Verfolgungsjagden, Schusswechsel und Folterszenen auf der einen Seite, hochprofessionelle Schreibtischarbeit auf der anderen. Das wichtigste Accessoire aller Darsteller ist das Klapphandy. Via Handy bereiten Bauers Kollegen Operationen vor (»Wir brauchen Satellitenüberwachung in allen Sektoren!«), übermitteln Informationen (»Ich muss noch das Back-up-Modul resetten!«) und erteilen Befehle (»Berechnen Sie drei verschiedene Ergebnisszenarien auf Basis unterschiedlicher Personalstärken!«). In Bauers Welt gibt es keine Götter, die in das irdische Geschehen eingreifen, es gibt keine menschenfressenden Ungeheuer oder sechsköpfigen Seemonster. Seine Bühne ist eine Realität, in der trotz aller technischen Hilfsmittel nicht immer alles so transparent ist, wie es scheint. In der Funkverbindungen, Infrarotkameras, Datenanalysen und die im Hintergrund fast immer mitlaufende Live-Berichterstattung der Nachrichtensender alles eher komplizierter als einfacher machen. Denn je detaillierter die Wirklichkeit erfasst wird, als desto vielschichtiger erweist sie sich. Und je vielschichtiger sie sich darstellt, desto schwerer fällt es, sich in ihr zurechtzufinden – Wahrheit und Lüge, Gut und Böse voneinander zu trennen.

Odysseus kämpft gegen die Gefahr zu vergessen, wer er ist und wo er herkommt, Bauer gegen Kontrollverlust. Ob Folter oder Gefängnishaft, nichts kann ihn brechen. Wie schlimm ihn die Terroristen auch malträtieren, wie schwer die ihm zugefügten körperlichen und seelischen Verletzungen auch sein mögen: Ein paar Minuten später zückt er schon wieder sein Handy. Wie kann ein Mensch, der nicht nur viele tiefe Wunden, sondern auch viele schwere Verluste hinnehmen muss – zum Beispiel den Tod seiner Frau Teri in Staffel eins –, nur so tadellos funktionieren? Im Gegensatz zu Odysseus, der während seines Aufenthalts bei Kalypso aufs Meer hinausschaut und der fernen Penelope bittere Tränen der Sehnsucht nachweint, hat Bauer keine Zeit für Sentimentalitäten. Doch paradoxerweise beweist er durch genau dieses gefühlsarme Verhalten, zu den ihn ja die äußeren Umstände zwingen, dass auch er nur ein Mensch ist. Er ist wie wir einfach nur ein Arbeitnehmer, dem unter dem Druck der Globalisierung die Work-Life-Balance abhanden gekommen ist.

So gesehen scheint Bauer ein ganz normaler Mann zu sein – auch äußerlich. Er trägt meist Jeans und sportliche Jacken. Zu seinen Lieblingsstücken zählen langärmelige, knabenhafte T-Shirts, in denen er etwas schmächtig wirkt. Was ihn von uns unterscheidet, ist nicht seine Schönheit oder Körpergröße, sondern seine verblüffende Tugendhaftigkeit.

Im Gegensatz zu uns, die wir den Überblick über Gut und Böse längst verloren haben, scheint Bauer genau zu wissen, was er tut. Wenn er sich an die Arbeit macht, befindet sich sein Land im Ausnahmezustand. Bestehende Gesetze müssen aufgehoben oder gebrochen werden, um Amerika zu retten. Bauer bewegt sich in einer rechtlichen Grauzone. Er sieht sich gezwungen, wie seine Gegner zu foltern und zu töten, um Sicherheit und Frieden zu gewährleisten. Obwohl er mit den fürchterlichsten Schurken umgehen muss, wird er nicht unnötig grausam. Er wird weder zynisch noch korrupt, sondern behält in jeder Lage seinen Sinn für Gerechtigkeit. Erstaunlich. Wie macht er das? Vielleicht denkt er nicht: Was tue ich da nur für schreckliche Dinge!, sondern: Was muss ich im Rahmen meiner Pflichterfüllung nur für schreckliche Dinge durchmachen! Ist der Krieg gegen den

Terror, den Jack Bauer führt, nicht ungeheuer heuchlerisch? Immerhin beschwört 24 einen amerikanischen Patriotismus, der Krieg als Mittel zum Frieden legitimieren soll.

Wir können die Serie aber auch als den Versuch sehen, einen modernen Mythos zu schaffen: den Mythos eines Mannes, der sich wie Odysseus erst auf Irrfahrt begeben muss, bevor er sein Ziel erreichen kann. So betrachtet ist Jack Bauer tatsächlich mehr als nur ein patriotischer Bundesagent. Wie es Odysseus' Aufgabe ist, das völlig Unbekannte jenseits der Realität zu erkunden, so ist es Bauers Mission, sich durch das Hightech-Dickicht von Sein und Schein zu kämpfen. Denn es ist nie von vorneherein klar, ob die Guten, an deren Seite er arbeitet, tatsächlich die Guten sind. Und ob nicht wenigstens einige der Bösen, die er zur Strecke bringen will, nicht auch etwas Gutes an sich haben. So dienen Bauers vierundzwanzigstündige Odysseen nicht nur der Glorifizierung Amerikas, sie sind auch moralische Parabeln. 24 lehrt uns, dass der rechte Weg nie der einfachste ist. Denn meist finden wir den rechten Weg erst, nachdem wir uns in unzähligen Gassen verirrt haben. Staffel für Staffel werden wir daran erinnert, dass man moralischen Entscheidungen nicht ausweichen kann – und dass es Mut braucht, solche Entscheidungen zu treffen, die genauso komplex sind wie die Wirklichkeit selbst.

So modern und aufgeklärt Odysseus' Erfindungsgabe und sein Listenreichtum wirken, so altmodisch erscheint Bauers Moralität. Wie selbstverständlich zaubert Bauer die schon von Platon beschriebenen, längst vergessen geglaubten *vier Kardinaltugenden* aus dem Hut: *Weisheit, Besonnenheit, Tapferkeit* und *Gerechtigkeit*. Diese Tugenden – und nicht seine Feuerwaffen – erweisen sich als die wichtigsten *Tools*, die er beim Herumirren braucht. Denn sie helfen ihm, Mensch zu bleiben, sich selbst nicht zu verlieren. Wir lernen: Im Zweifelsfall ist Tugendhaftigkeit wertvoller als das x-te Sicherheits-Upgrade. Im Zweifelsfall gibt es keine Sicherheit, keine Ordnung, nur Chaos. In diesem Fall müssen wir uns auf uns selbst verlassen können.

Odysseus' Botschaft ist: Es gibt viele Welten, nicht nur die, die wir vor Augen haben. Die Botschaft des Jack-Bauer-Mythos lautet: Es gibt nur eine Welt, aber die ist unendlich vielschichtig. Odysseus rät uns: Seid neugierig auf das Fremde, um euch selbst besser kennenzulernen, auch wenn es zehn Jahre dauern sollte. Bauer mahnt uns: Handelt moralisch, was auch kommen mag, aber beeilt euch, in zwei Minuten könnte alles zu spät sein. Beide inspirieren uns, Vorsicht und Langeweile mit Neugier und Mut auszutauschen – und darüber nachzudenken, was wir mit unserer Lebenszeit anfangen wollen, womit wir diese Zeit sinnvollerweise füllen möchten.

Verlassen wir also die ausgetretenen Pfade und begeben wir uns auf unsere ganz persönliche Irrfahrt. Trauen wir uns, die Orientierung zu verlieren. Wenigstens probehalber. Lernen wir Phänomene kennen, die mehr Fragen aufwerfen, als Antworten zu geben. Vergessen wir für eine Weile das neue BlackBerry Storm2 und wenden uns Rätseln zu, die uns mehr Aufschluss über uns und unser Leben geben.

Philosophisches Gedankenexperiment: Schneller oder langsamer?

In Athen gilt Achilles als der beste Läufer aller Zeiten. Niemand hat je ein Rennen gegen ihn gewonnen. Das ewige Siegen ist auf Dauer aber doch ein wenig öde. Kein Wunder, dass sich Achilles nach einer größeren Herausforderung sehnt. Da stellt man ihm seine neue Gegnerin vor: eine Schildkröte. Achilles glaubt, man will ihn auf den Arm nehmen:

er, der schnellste Läufer der Welt, gegen eine *Schildkröte?* Er beugt sich zu dem Tier hinab und schaut ihm tief in die Augen. Die Schildkröte – nennen wir sie Xenia – blickt entschlossen zurück.

Man einigt sich darauf, dass Xenia mit einem Vorsprung von hundert Metern starten soll. Ein Pfiff ertönt, und beide rennen los. Wenn Achilles Xenia überholen will, muss er natürlich zuerst den Punkt erreichen, von dem aus sie gestartet ist. Dafür braucht er einige Sekunden. In dieser Zeit hat sich Xenia aber auch bewegt – sie ist jetzt nicht mehr an ihrem Startpunkt, sondern ein paar Zentimeter weiter. Also führt sie das Rennen immer noch an. Und auch wenn Achilles dort ankommt, wo Xenia jetzt ist, hat er sie noch lange nicht überholt. Denn inzwischen ist sie ja wieder ein paar Millimeter weitergekrochen. Und hat Achilles diesen dritten Punkt erreicht, ist sie ein weiteres Stück vorangekommen ...

Moment. Was war das? Ist Achilles da gerade an Xenia vorbeigesprintet? Aber wir haben doch soeben bewiesen, dass dies logisch unmöglich ist! Welche ist nun die wahrere Wahrheit – die, die uns die Logik vermittelt, oder die, die wir aus der Erfahrung kennen?

Logisch betrachtet scheint die Möglichkeit, dass wir uns von einem Ort zu einem anderen bewegen können, vollkommen ausgeschlossen. Bedenken Sie: Wenn Sie von Ihrem Startpunkt aus ein Ziel – sagen wir, einen adidas-Shop – ansteuern wollen, müssen Sie zuerst die Hälfte des Weges zurücklegen. Logisch. Wenn Sie hundert Meter laufen wollen, müssen sie zuerst fünfzig Meter laufen. Und wenn Sie fünfzig Meter in Richtung adidas-Shop laufen wollen, müssen Sie sich konsequenterweise erst einmal fünfundzwanzig Meter vorwärtsbewegen. Und wenn Sie bei dieser Hälfte der Hälfte der Hälfte des ganzen Weges anlangen wollen, müssen Sie erst die Hälfte der Hälfte der Hälfte der Hälfte erreichen. Und so fort *ad infinitum.* Denn jede Hälfte lässt sich halbieren. Und weil man jede Strecke unendlich oft teilen kann, ist es auch unmöglich, sie in einer endlichen Zeit zurückzulegen.

Vielleicht ist dies ja auch falsch gedacht (wie viele Mathematiker meinen). Vielleicht kommen Sie tatsächlich irgendwann an einem Punkt in Raum und Zeit an, der nicht weiter teilbar ist. Angenommen, so wäre es. Wenn es eine kleinste, nicht mehr teilbare Raumeinheit gäbe, wäre diese ohne Ausdehnung. Sie hätte keine Weite, keine Höhe und keine Länge. Aber wie sollte es dann möglich sein, dass der Raum, in dem wir uns bewegen, laufen oder sogar rennen, der also ganz offensichtlich ausgedehnt ist – aus kleinsten Einheiten besteht, die selbst keine Ausdehnung besitzen? Das Gleiche gilt für die Zeit. Wenn die kleinste Zeiteinheit keine Dauer hat und deshalb nicht mehr weiter geteilt werden kann, wie kann dann die Zeit als Ganzes eine Dauer haben?

Können Sie den adidas-Shop nun je betreten oder nicht? Natürlich können Sie. Während wir uns hier noch umständlich den Kopf zerbrechen, sind Sie schon längst in der Sportschuhabteilung angelangt. Trotzdem fühlen Sie sich jetzt vielleicht auf unangenehme Weise ernüchtert. Das wäre vollkommen normal, denn schließlich zeigt dieses Gedankenexperiment, dass wir mit logischen Grundkenntnissen nicht weit kommen, wenn wir die Welt erklären wollen. Dass alles weitaus komplexer ist. Und doch verlassen wir uns tagtäglich auf unsere logische Kompetenz. Wir fühlen uns großartig, wenn wir wieder einmal eine Inkonsistenz, eine Widersprüchlichkeit in einer Argumentation entlarvt haben. Das Problem ist nicht die Logik selbst. Das Problem besteht eher darin, die Logik mit der erfahrbaren Wirklichkeit zusammenzubringen.

Vielleicht ist es doch nur eine Illusion, dass Achilles Xenia überholen kann. Das Ereignis des Überholens setzt voraus, dass es Vergangenheit (Achilles und Xenia in Startposition),

Gegenwart (Überholen) und Zukunft (Siegerehrung) gibt. Wie kommt es überhaupt zur Veränderung eines Zustands? Ist nicht alles nur eine Frage der Perspektive? Wir sind es, die beobachten, dass erst Xenia die Nase vorne hatte, jetzt aber Achilles. Sie sind es, der/die konstatiert, dass Ihr Sportschuhkauf einst in der Zukunft lag, nun aber der Vergangenheit angehört.

Was wäre, wenn es niemanden gäbe (Sie nicht und uns alle nicht), der das alles beobachtete und feststellte? Wenn es keine Menschen gäbe, wenn die Welt ohne Lebewesen wäre – gäbe es dann immer noch Ereignisse, die vergangen, gegenwärtig oder zukünftig wären? Was sollte »jetzt« passieren, wenn es niemanden gäbe, der dieses »Jetzt« erlebt?

Die Zeit scheint etwas sehr Merkwürdiges zu sein. Wie würde Ihr Leben aussehen, wenn Sie aufhörten, Stunden, Minuten und Sekunden zu zählen?

Alles nämlich, was ich bisher am ehesten
für wahr gehalten habe, verdanke ich den Sinnen
oder der Vermittlung der Sinne.

RENÉ DESCARTES

6   Dionysos und der King of Pop: Der Wirrwarr des eindeutig Mehrdeutigen

Überall, wo wir die Erfahrung machen: »Ich kenne mich nicht aus«, begegnen wir dem Fremden. Doch fremd ist nicht gleich fremd.

Fremd ist alles, was neu ist: der erste chinesische Geschäftsführer in einem deutschen Unternehmen, die erste Begegnung eines Kindes mit dem Mond. Fremd ist, was sich unserer unmittelbaren Wahrnehmung, unserem Erfahrungshorizont entzieht: das Vergangene altgermanischer Riten, das Ferne der usbekischen Sprache. Fremd ist, was nicht normal ist: Ausnahmezustände wie Krieg, Naturkatastrophen oder Krankheit. Fremd ist schließlich auch die absolut andere menschliche Existenz und Identität, das ewig Unbegreifliche und Unerklärliche: der Tod, der Kosmos, das Göttliche.

Was uns fremd ist, irritiert und fasziniert uns, aber es macht uns auch Angst. Stellen wir uns vor, wir sitzen gegen Abend erschöpft in einem Coffee Shop und studieren die Fußballergebnisse. Hertha gegen Schalke, Bayern gegen Wolfsburg. Plötzlich wird der Raum von einem gleißend hellen Licht erfüllt. Kurz darauf gehen alle Lampen aus, und es wird stockdunkel. Was ist geschehen? Ganz klar, denken wir, ein Kurzschluss, Stromausfall. Das außergewöhnlich helle Licht halten wir für eine aus unserer chronischen Überarbeitung resultierende optische Täuschung. Warum? Das helle Licht könnte doch auch ein Zeichen sein. Theoretisch wäre es möglich, dass eine außerirdische, vielleicht sogar göttliche Macht uns darauf hinweisen wollte, dass das Leben nicht nur aus Arbeit und Fußball besteht. Dass wir eine Zäsur setzen und uns neu orientieren sollten. Derartiges wäre vielleicht nicht wahrscheinlich, aber doch möglich. Trotzdem sträuben wir uns gegen den Gedanken, dass uns etwas anderes als das Normale begegnen könnte. Er würde uns bloß unnötig verunsichern.

Streng genommen ist das Fremde nur *ex negativo* zu bestimmen – als das, was (noch) nicht bekannt, normal, begreiflich, in Worte zu fassen ist. Unsere Art, mit dem Fremden fertigzuwerden, besteht meist darin, es in den normalen Gang der Dinge einzuordnen. Wir *normalisieren* es. »Normal« ist, was der jeweiligen Norm oder Richtschnur entspricht. »Anormal« ist alles, was von dieser Norm abweicht – also auch das Fremde. Aber das, was fremd ist, ist nicht unbedingt gleichbedeutend mit dem Anormalen.

Wenn ein normaler Mann dadurch definiert ist, dass er Autos und Fußball liebt, wäre ein Mann, der Plüschtiere liebt, anormal. Allerdings nur dann, wenn wir uns an der vernunftgemäßen Ordnung orientieren, die das Normale und das Anormale einander entgegensetzt. Nur innerhalb dieser speziellen Ordnung »normal vs. anormal« ist die Fremdheit des Plüschtiere liebenden Mannes anormal. In diesem Fall dient die Anomalie dazu, die Normalität des Auto- und Fußballfans zu bestätigen und zu legitimieren.

Nun gibt es aber neben dem Anormalen noch ein anderes Fremdes, das nicht bloß Gegensatz oder Abweichung des Normalen ist. Ein Fremdes, das sich nicht normalisieren, nicht therapieren, nicht reparieren und nicht kontrollieren lässt – weil es sich keiner Ordnung fügen will. Zum Beispiel ein plötzlich aufflammendes helles Licht in einem Coffee Shop, das in keinerlei Zusammenhang mit einem Kurzschluss steht. Oder eine Begegnung mit einem Menschen, den man tot geglaubt hatte. Oder die Diagnose einer schweren Krankheit, die zu bekommen man kategorisch ausgeschlossen hatte. Kurz: alles, was sich nicht ohne Weiteres in die Schablonen unseres Denkens und Wahrnehmens einfügen lässt. Wie der deutsche Philosoph Bernhard Waldenfels (* 1934) in seiner Studie *Grenzen der Normalisierung* schreibt:

> Mit dem Fremden kann man weder rechnen, noch kann man darauf bauen. Jene störende Unruhe, die aus der Spannung zwischen Normalem und Anormalem erwächst, zeigt sich von alters her im Staunen, von dem sich das philosophische Denken nährt, in dem Feuerbrand, der in religiösen Riten und Texten schwelt, in der erotischen Mania, die sich erlernbaren Regeln entzieht ... Diese Unruhe betrifft das, was sich in allem Verstehen nicht von selbst versteht. Sie ist der Sand im Getriebe, der einen allzu glatten Ablauf verhindert.

Jede Begegnung mit dem Fremden ist ein Rätsel, ein Geheimnis. Seit jeher gab es Reporter, die von diesen Geheimnissen berichteten. Einst waren es Homer und Hesiod, die Erzähler des Gilgamesch-Epos, des Alten Testaments, der Torah oder des Korans. Heute sind es Fernsehen und Internet, die uns rätselhafte Phänomene frei Haus liefern.

Am 25. Juni 2009 verkündeten die internationalen Berichterstatter den Tod von Michael Jackson, des King of Pop. Um die Wahrheit dieses schrecklichen Ereignisses zu untermauern, filmten sie das UCLA Medical Center in Los Angeles, Fans mit Transparenten, eine weiß verhüllte Krankenbahre, singende und tanzende Fans, einen blumengeschmückten Sarg auf Rollen, Fans mit weißen und silbernen Handschuhen, trauernde Familienmitglieder mit Sonnenbrillen.

Michaels Tod war nicht rätselhafter als sein Leben. Nichts, was dieser begnadete Künstler je tat, dachte oder sagte, schien normal zu sein. Fast fünfzig Jahre lang sahen wir dabei zu, wie er sich von einer ziemlich anormalen Existenz in einen völlig Fremden verwandelte. In den drei großen Akten seines Lebens spielte er nie nur eine einzige Rolle:

I. Akt: Als Kind ein Erwachsener. Michaels Kindheit endet, als er fünf ist. Fortan zieht er mit seinen Brüdern durch Travestie- und Strip-Clubs, um Geld zu verdienen. Michaels Vorbild ist James Brown. Das sogenannte Kind peitscht sich mit durchdringender Stimme, gierig-aggressiven »Hohs« und »Hahs«, verführerischen Hüftschwüngen und kantigen Step-Einlagen zum Ruhm. Was wir auf seinen frühesten Videos sehen, ist kein unschuldiger Junge, sondern ein Sexobjekt.

II. Akt: Als Erwachsener ein Kind. Der erwachsene Michael lebt auf einer Ranch, die Disney World gleicht. Er umgibt sich mit einem Schimpansen, Plüschtieren und Kindern aller Hautfarben, vorzugsweise kleinen Jungen. Wenn er spricht, dann mit leiser, zarter Mädchenstimme und einem schalkhaften Lächeln auf den Lippen – als habe er nichts als *Tom und Jerry* im Kopf.

III. Akt: Als Wohltäter ein Bösewicht. Michael will die Welt heilen. Er möchte die Rassentrennung aufheben und allen Kindern die Kindheit schenken, die er nie hatte. Er ist der gute König, der neben seinen platinveredelten Tonträgern auch noch überall Glück und Frieden verbreitet, ein Wohlwollender, der schließlich des Kindesmissbrauchs angeklagt wird.

Vom Ende der siebziger Jahre bis zu seinem Tod erfährt Michaels Äußeres eine kontinuierliche Metamorphose. Es beginnt ganz harmlos. Eine schmalere Nase, höhere Wangenkochen. Ein etwas hellerer Teint. Ein Grübchen. Dann: eine noch schmalere und kürzere, nun spitz nach oben gebogene Nase. Tiefrote Lippen, Lidstrich. Dann: ein noch hellerer Teint. Porzellanene Hände. Glatte Haare, Föhnfrisur. Und wieder ein Stückchen Nase weniger. Diese stetigen Verwandlungen haben nichts mit den üblichen hollywoodianischen Verschönerungsmaßnahmen zu tun. Sein Gesicht gleicht mehr und mehr einer Maske, hinter der sich etwas ganz und gar Fremdes versteckt. Es ist ein weder erwachsenes noch kindliches, weder männliches noch weibliches, weder schwarzes noch weißes Gesicht. Das von Michael angestrebte Schönheitsideal sprengt alle Normen. Für ihn gibt es keine Normen – und auch keine Gesetze. Nicht einmal Naturgesetze. Er will perfekt, nicht natürlich sein. Er will vergessen, dass er sterblich ist. Nach und nach tritt er mit Valium, Pethidin, Hydrocodon, Zolpidem, Fentanyl, Alprazolan, Methadon und Propofol in eine andere Welt ein. In eine, in der das Fremde die Norm ist.

Diese beunruhigende und beängstigende Existenz scheint von der unsrigen meilenweit entfernt. Wir betrachten Michaels irre Selbstinszenierungen mit Kopfschütteln und Gelächter. Diese merkwürdigen Handschuhe, Sauerstoffmasken, Sonnenschirme und weißen Pflaster auf den Fingernägeln! Damit wollen wir nichts zu tun haben – und doch können wir nicht anders, als hinzusehen. Wir tun so, als ließe uns dieser Irrsinn kalt, während uns wohlige Schauer über den Rücken laufen. Wenn es um Michael Jackson geht, werden wir alle zu Voyeuren.

Erinnern wir uns an Michaels berühmtestes Video *Thriller* von 1982. Es beginnt ganz harmlos. Wir sehen einen hübschen jungen Mann und ein bezauberndes Mädchen, die ganz offensichtlich ineinander verliebt sind. Der junge Mann

Marmorstatue des Dionysos, 1. Jh. v. Chr.

Michael Jackson 1997 im Wembley-Stadion in London

druckst etwas herum, dann meint er: »Weißt du, ich bin nicht wie die anderen Jungen.« – »Ist mir klar«, sagt das junge Mädchen, »deshalb mag ich dich ja so!« In diesem Augenblick verwandelt sich der Jüngling in einen Werwolf – das Mädchen rennt in Panik davon. Dann folgt die Auflösung: Die Werwolf-Szene ist Teil eines Kinofilms, das reizende junge Paar sitzt unter den Zuschauern. Die nächste Sequenz zeigt die beiden auf dem Nachhauseweg. Der Junge fängt an, um seine Angebetete herumzutänzeln und von einer Nacht der Schrecken zu singen. Plötzlich sind sie von lauter Untoten umzingelt. Die anfänglich leere Straße wird zur Bühne eines grausigen Balletts. Halb verweste und skelettierte Leichen tanzen mit erstaunlicher Geschmeidigkeit eine hoch komplizierte Choreografie. Und Michael – nun hohlwangig und mit heraustretenden Augäpfeln – ist unter ihnen. Das Mädchen verbarrikadiert sich in Todesangst in einem leeren Haus, doch die Monster brechen durch die Wände ... Dann folgt die Auflösung: Das Mädchen hatte nur einen bösen Traum. Michael verspricht, sie nach Hause zu bringen. Er legt den Arm um sie und dreht sich ein letztes Mal lächelnd zu uns um. Seine Augen sind werwolfgelb ...

Michael gefällt es, mit uns zu spielen. Er wechselt seine Identität wie andere ihre Mäntel. Jetzt ist er Charmeur, dann Ungeheuer, jetzt Popstar, dann Fremder. Dazwischen singt und tanzt er mit rasender Leidenschaft. *Thriller* ist die dreizehneinhalbminütige Zusammenfassung seines Lebens.

Noch faszinierender als Michael Jacksons künstlerisches Talent ist sein unaufhaltsamer Drang zur Grenzüberschreitung. Jede einzelne seiner Handlungen ist schillernd, mehrdeutig, irrational. Was ihn uns so göttlich und zugleich so schrecklich erscheinen lässt, ist das *Dionysische* an ihm.

Dionysos (Bakchos oder Bacchus) ist vieles in einem. Halb Mensch, halb Gott: ein Gott des Weines, der Ekstase, des

Wahnsinns ebenso wie der Gott des Tanzes, des Theaters und der Erlösung. Laut des von Heinrich Zedler herausgegebenen *Großen vollständigen Universal-Lexicon Aller Wissenschaften und Künste* (1732–1754) ergeben die historischen Quellen neunundneunzig verschiedene Beinamen der Gottheit. Zedler schreibt von »verschiedenen Verwirrungen«, die in die unterschiedlichsten Richtungen wiesen. Mit Formulierungen wie »Einige wollen ...«, »Andere berichten ...«, »Wieder andre sagen ...«, »Einige hingegen schreiben ...« versucht Zedler der Vielschichtigkeit des Phänomens Herr zu werden.

Auch die Herkunft des Dionysos ist uneindeutig. Mal soll er aus Ägypten, mal aus Kleinasien, mal aus Indien stammen. Die bekannteste und bizarrste Ursprungsgeschichte ist die, wonach er in Griechenland von Zeus gezeugt wurde. Zeus schwängert in Menschengestalt die thebanische Königstochter Semele. Damit gibt sich Semele aber nicht zufrieden. Sie fleht Zeus an, er möge sich ihr als der zeigen, der er wirklich ist. Als er ihren Wunsch schließlich erfüllt und sich in seiner ganzen Pracht vor ihr aufbaut, wird sie von seinem göttlichen Feuer verbrannt. Zeus zögert nicht lange und zieht den noch ungeborenen Dionysos aus Semeles brennendem Körper. Er öffnet seinen Schenkel, verwandelt ihn in eine weibliche Gebärmutter und setzt den Fötus dort ein. Nach einigen Monaten »gebiert« er das Kind aus seinem Schenkel. So wird Dionysos zum »Zweimalgeborenen«.

Im antiken Griechenland wird Dionysos in Gestalt einer (Theater-)Maske verehrt, hinter der sich symbolisch die vielen Identitäten des Gottes verbergen. Dass Dionysos dem Menschen stets mit Maske gegenübertritt, heißt aber auch, dass er für ihn nie richtig greifbar, nie wirklich anwesend ist. Dieser Gott ist halb diesseitig, halb jenseitig. Auf bildlichen Darstellungen trägt Dionysos einen Efeukranz auf dem Kopf und hält seinen magischen Thyrsosstab in der Hand, dessen Spitze ebenfalls mit Efeublättern – einer berauschenden

Droge – geschmückt ist. Weitere Charakteristika kann man an Dionysos-Statuen aus dem Hellenismus ablesen: Jugendlichkeit, lange Locken und weiche, fast weibliche Formen, die Lebensfreude und Sinnlichkeit zum Ausdruck bringen sollen.

Dionysos ist sanft wie eine Frau, aber auch schrecklich und wild – wie der Wein, den er erfand. Wer seine Göttlichkeit anerkennt, dem schenkt er Sorglosigkeit, die Freuden des Festes und der Liebe. Wer ihn dagegen leugnet, den schlägt er mit Wahnsinn. So manifestiert sich der Dionysismus mal als wohltuende Ekstase, mal als zerstörerische Krankheit. Euripides' (480–406 v. Chr.) Tragödie *Die Bakchen* – benannt nach den meist weiblichen Anhängern des Dionysos – erzählt von dem Wirrwarr, den die Begegnung des Gottes mit den Menschen anrichtet.

In den *Bakchen* tritt Dionysos mit weiblichen Gesten und den langen Haaren einer Frau auf. Nachdem er Asien erobert hat, kehrt er mit seinen lärmenden, tanzenden und singenden Anhängerinnen in seine Heimat Theben zurück. Zur Strafe dafür, dass die Thebaner seine Göttlichkeit nicht würdigen, lässt er alle Frauen der Stadt wahnsinnig werden. Er gibt sich als fremder lydischer Wanderprediger aus, als ein Priester des Gottes Dionysos. Die menschliche Maske kann seine wahre Natur aber nur für den verschleiern, der das Göttliche in ihm nicht erkennen will. Pentheus, der junge König von Theben, ist nicht bereit zu erkennen. Misstrauisch fragt er den Prediger nach dem Gott, für den er zu missionieren scheint: »Hast du diesen Gott im Traum oder mit eigenen Augen gesehen?« – »Ihn sehend wie er mich sah«, lässt der griechische Dichter Euripides Dionysos antworten. Gemeint ist: Dionysos existiert nur in den Augen dessen, der ihn wirklich anschaut. Im gegenseitigen Sehen und Gesehenwerden wird die Distanz zwischen Mensch und Gott aufgehoben – so dass der Gläubige mit Dionysos gleichsam verschmilzt. Pentheus versucht, klare Beweise für Dionysos' Erscheinung zu ermitteln. Doch eine klare Grenzziehung zwischen träumerischer Illusion und logischer Evidenz hilft nicht weiter, wenn es um das Göttliche geht.

Die Antwort des Wanderpredigers widerspricht der Norm des Sehens, an der Pentheus festhält. Pentheus repräsentiert die staatsbürgerliche Ordnung. Er ist ein Mann der Vernunft – und der Vorurteile. Er geht davon aus, dass es einen unbestreitbaren Unterschied zwischen schauendem Subjekt (Pentheus) und angeschautem Objekt (Dionysos) geben müsse. Aber beim Sehen des Dionysos gibt es keine Trennung zwischen Subjekt und Objekt, es gibt keine präzise Gestalt, keine eindeutige Identität, die durchs Sehen festgestellt werden könnte – nur den Wirrwarr sich kreuzender Blicke.

Pentheus versteht überhaupt nichts mehr. Er fragt weiter: »Dieser Gott, den du ja deutlich gesehen hast, wie ist er gemacht?« Antwort: »Wie es ihm gut schien.« Erneut wird Pentheus' Erwartung enttäuscht, den Gott als wiedererkennbare Erscheinung begreifen zu können. Der König klammert sich an seinen logischen Verstand. Da er nicht den Mut hat, am paradoxen Spiel des eindeutig Mehrdeutigen teilzunehmen, hält er Dionysos' Maske für dessen wahres Gesicht. So muss der Wanderprediger feststellen: »Du bist gottlos, du siehst ihn nicht.«

Dionysos haucht Pentheus eine kleinere Dosis Wahnsinn ein – gerade so viel, dass sein gesunder Menschenverstand nicht mehr ganz so einwandfrei arbeitet. Nach und nach wächst bei Pentheus die Neugier auf die fremdartige dionysische Welt, an deren Schwelle er nun steht. Er möchte die rasenden Thebanerinnen aus nächster Nähe beobachten, zusehen, wie sie ihre Orgien feiern und auf grausame Weise morden. Um sich zu tarnen, kleidet er sich genauso wie Dionysos. Er tritt mit gelösten Haaren und in Frauenkleidern aus seinem Palast und ruft: »Wahrhaftig, ich glaube zwei

Sonnen zu sehen und zwei Theben.« Tatsächlich ist Pentheus nun hin und her gerissen zwischen zwei entgegengesetzten, unversöhnlichen Arten des Sehens: dem verstandesklaren und dem irrational-dionysischen. Dionysos – den Pentheus jetzt für einen Stier hält – führt den König ins Kithairon-Gebirge, wo sich die Wahnsinnigen aufhalten. Pentheus klettert auf eine Fichte, um dort heimlich dem verrückten Treiben zuzuschauen. Leider beugt er sich dabei so weit nach vorne, dass ihn die Frauen entdecken. Sofort fallen sie über ihn her und reißen ihn bei lebendigem Leib in Stücke.

Pentheus muss Dionysos als Ungläubiger geopfert werden – er lässt sich einfach nicht bekehren. Einerseits ist er fasziniert vom Irrationalen und Unverständlichen, andererseits kann er seine Vorurteile nicht ablegen. Obwohl seine Neugier auf das Dionysische wächst, weigert er sich bis zuletzt, die Macht des Fremden anzuerkennen. Am Ende muss Pentheus mit dem Tod dafür bezahlen, dass er seine nüchterne Wahrnehmung der Dinge zum obersten Maß erhob.

Aus der Begegnung mit Dionysos lernen wir: Wenn wir das, was an uns anormal, unkonventionell, anders ist, nicht wahrhaben wollen, verlieren wir uns. Denn das Fremde ist nicht nur außerhalb, sondern auch in uns. Niemand von uns ist sich selbst transparent. Wir alle haben irrationale, unverständliche, dunkle Anteile in uns. Die Gleichung »Ich = Ich« ist bloß eine Leerformel. Solange uns unser gesunder Menschenverstand daran hindert, für das zweite »Ich« ein Fragezeichen einzusetzen, versperren wir den Weg zu uns selbst. Wir können die Geheimnisse, die in uns stecken, unsere Abgründe ebenso wie unsere Potenziale, nur dann wahrnehmen, wenn wir aufhören, uns immer nur mit dem Normalen zu identifizieren.

Wenn wir Michael Jackson bloß als Kuriosität betrachten, verhalten wir uns nicht anders als Pentheus gegenüber Dionysos: Wir leugnen, dass seine Mehrdeutigkeiten etwas mit unserer eigenen Uneindeutigkeit zu tun haben könnten. Zwar übertreiben wir es nicht so wie Michael. Wir lassen nicht öffentlich verkünden, was für großartige Väter oder Mütter wir seien, nur um anschließend unser Baby zu packen, es über eine Balkonbrüstung zu heben und vor den Augen unserer Fans wie ein großes Taschentuch hin und her zu schwenken. Aber auch wir tun manchmal Dinge, die alles andere als rational und logisch nachvollziehbar sind: Wir sitzen im Dunkeln in einem Coffee Shop und denken darüber nach, ob die soeben eingetretene Kurzschlussreaktion nicht etwas Bestimmtes zu bedeuten habe. Wir liegen mit gebrochenem Bein mutterseelenallein auf einem steil abfallenden Skihang und ertappen uns beim Beten, obwohl wir eigentlich gar nicht gläubig sind. Wir träumen davon, mit Angelina Jolie und Brad Pitt um die Welt zu fliegen, obwohl wir eigentlich der Meinung sind, die beiden hätten einen Sprung in der Schüssel.

Ein Mensch wie Michael Jackson ist viel mehr als eine Kuriosität. Er ist wie Dionysos ein herausragender Illusionist. Beide pflegen einen sehr spielerischen Umgang mit Wahrheit und Wirklichkeit. Wenn Dionysos auf Pentheus' Frage, wie der fragliche Gott denn beschaffen sei, antwortet: »Wie es ihm gut schien«, sagt er alles – und nichts. Wenn Michael dem britischen Journalisten Martin Bashir gegenüber erklärt, er habe höchstens zwei, drei Schönheits-OPs machen lassen, entspricht dies zwar kaum der Wahrheit. Das Verstellen und Vorgeben gehört aber nun einmal zu ihm, genau wie die Maske zu Dionysos gehört. Michael lügt nicht mehr und nicht weniger als Dionysos, wenn er behauptet, ein Wanderprediger zu sein.

Vermutlich werden wir nie erfahren, wer Michael Jackson wirklich war: ein Heiliger oder ein Verrückter, ein Retter oder ein Kinderschänder – oder alles zusammen. Sämtliche Möglichkeiten kommen in Betracht. Wüssten wir über sein wahres »Ich« Bescheid, würde unsere Faszination schlagartig nachlassen. Wenn wir genau hinschauen, können wir in seinen Merkwürdigkeiten auch winzige Spuren von uns selbst entdecken.

Lassen wir unsere Ängste und Vorurteile beiseite. Lassen wir es zu, vom Anormalen und Fremden berührt, vielleicht sogar angesteckt zu werden. Hüten wir uns aber davor, dessen Macht zu verleugnen. Wenn wir uns zu sehr an der sogenannten Normalität orientieren, verlieren wir am Ende noch die Balance und schnappen über. Denn ein Extrem bedingt das andere.

Philosophisches Gedankenexperiment: Mensch oder Zombie?

Santa Barbara, im Sommer. 35 Grad im Schatten. Eine alte Dame und ein junger Mann sitzen in einem Palmengarten und trinken Eistee. Die alte Dame hat viele Falten im Gesicht, und in jeder dieser Falten verbirgt sich eine Geschichte. Jede Einzelne erzählt von den Freuden und Leiden, die sie im Laufe ihres Lebens erlebt hat. Der junge Mann dagegen ist makellos. Er jobbt als Model und nennt sich Giorgio.

Giorgio nippt an seinem Eistee und schüttelt sich: In dem Tee sind viel zu viele Eiswürfel. Er bekommt trotz der Hitze eine Gänsehaut. Die alte Dame erzählt Giorgio von ihrer letzten großen Liebe, einem Elektroingenieur, und wie er einst ihr Leben rettete, als sie versehentlich ein Starkstromkabel in Brand setzte. Dabei fängt sie vor Rührung an zu weinen. Giorgio tätschelt ihre Hand, eine Träne kullert über seine Wange. Dann kratzt er sich am Nacken. Diese gemeinen Moskitos! Der schöne Giorgio ist schon ganz zerstochen. Die alte Dame putzt sich die Nase und reicht Giorgio ihr Mückenspray. »Ich weiß über dich Bescheid«, sagt sie. Giorgio hebt fragend die Augenbrauen. »Du bist zwar wunderschön, aber in Wahrheit bist du gar kein Mensch. Auch wenn du so aussiehst. Du bist keine *Person* im echten Sinne.«

»Was soll das denn heißen!«, ruft Giorgio empört. »Bin ich etwa ein Roboter? Sehen Sie an mir vielleicht irgendwelche blinkenden Lämpchen oder Antennen?«

»Natürlich bist du kein Roboter. Du bist aus biologischem Material, genau wie ich. Sonst wärst du nicht voller Mückenstiche. Du besitzt ein neuronales System, ein Hirn und ein Herz wie alle Menschen. Du zitterst, wenn dir kalt ist, und du schwitzt, wenn dir heiß ist. Du weinst, wenn du eine traurige Geschichte hörst. Du bewegst dich ungeheuer grazil. Trotzdem bist du kein Mensch.«

»Wieso nicht?«

»Weil ich mit dem gesprochen habe, der dich erschaffen hat. Er hat dir eine fast perfekte menschliche Ausstattung gegeben. Du hast alles bis auf eines: ein ›privates‹ Erleben. Dir fehlen Gedanken, Erinnerungen, Fantasien, Vorstellungen, Absichten, freudvolle und leidvolle Empfindungen.«

»Aber wenn ich zittern, schwitzen und weinen kann, bin ich doch wie jeder andere Mensch!«

»Mit einer Ausnahme: Du hast dabei keine bewussten Empfindungen. Du fühlst nicht, was du tust.«

Die alte Dame tritt Giorgio mit aller Kraft auf den linken Zeh.

»Au!«, schreit Giorgio.

»Siehst du«, sagt die alte Dame schmunzelnd. »Du schreist – aber du fühlst nicht.«

»Das verstehe ich nicht. Nach Ihrer Beschreibung wäre ich ja so etwas Ähnliches wie ein Thermostat oder ein Sensor. Aber ich sehe keinen entscheidenden Unterschied zwischen mir und Ihnen. Ich weiß genau, was Gefühle sind. In diesem Moment zum Beispiel bin ich ziemlich verletzt.«

»Du *sagst*, du bist verletzt. Aber kannst du dein Verletzt-
sein auch *fühlen*?«

Was denken Sie: Unterscheidet sich das, was Sie erleben – in
Ihrer Seele, Ihrem »Ich«-Bewusstsein oder wie man es sonst
nennen will –, von den physikalischen Prozessen, die in
Ihnen ablaufen? Oder ist Ihr inneres Erleben deckungsgleich mit den chemischen und elektrischen Veränderungen
in Ihrem Gehirn?

Jemand, der bloß Körper und Geist, aber kein »Ich« besitzt, scheint eine Art Zombie zu sein. Wie können Sie herausfinden, ob jemand ein Zombie ist? Wenn Sie feststellen
wollen, ob Ihr Gegenüber glücklich oder unglücklich ist,
werden Sie wohl kaum sein Gehirn unter die Lupe nehmen.
Sie finden es heraus, indem Sie beobachten, was ihr Gegenüber sagt oder tut beziehungsweise nicht sagt oder nicht tut.
Sie gleichen sein Verhalten mit dem ab, was der Norm entspricht. Wenn der mutmaßliche Mensch sich in einer Hüpf-
burg aufhält und dabei lacht, werden Sie möglicherweise
denken: »Aha, der Mann da lacht, also *ist* er glücklich –
in diesem Moment zumindest.« Wenn Sie davon ausgehen,
dass Verhalten inneres Erleben eins zu eins widerspiegelt,
gibt es für Sie keine Zweifel mehr. Dann ist für Sie eindeutig, dass jener Mann kein Zombie ist. Und dass so etwas wie
ein Zombie überhaupt nicht existiert.

Sie selbst sind sich wahrscheinlich ziemlich sicher, ein
reiches Innenleben zu besitzen, ängstliche und freudvolle
Empfindungen aller Art, vernünftige Gedanken und aufregende Zukunftspläne. Und wahrscheinlich glauben Sie auch,
dass Ihr inneres Erleben anderen Menschen weitgehend verborgen bleibt, dass andere das, was in Ihnen vorgeht, niemals in absolut identischer Weise erleben. Denn schließlich
ist ja kein Mensch mit einem anderen absolut identisch.
Wenn niemand weiß, wie es in Ihnen wirklich aussieht, wie

es ist, »Sie« zu sein, weil ihre Empfindungen ganz und gar privat sind, können Sie umgekehrt aber ebenfalls nicht wissen, wie es in anderen aussieht – wie es ist, ein anderer zu sein. Wie ist es denn zum Beispiel, Michael Jackson zu sein?

Sie könnten Lackschuhe, weiße Tennissöckchen und einen weißen Handschuh überstreifen; Sie könnten Lippenstift auftragen, ein paar Valiumtabletten einwerfen und Ihren Kindern Masken aus Vogelfedern anziehen; Sie könnten wilde Pirouetten tanzen und sich alle zwei Sekunden in den Schritt fassen – Sie wüssten immer noch nicht, wie Michael Jackson die Welt erlebte.

Da Sie also nicht wissen, wie es ist, ein anderer zu sein, da ihnen eigentlich alle Menschen prinzipiell *fremd* sind, könnte es durchaus sein, dass das, was Sie als Menschen oder Personen bezeichnen, gar keine sind. Dass die Gestalten, die Sie umgeben, Zombies sind (wie Giorgio). Oder Roboter. Oder Götter in Menschengestalt. Vielleicht gehören Sie selbst auch dazu.

Um welchen Preis kann das Subjekt
die Wahrheit über sich sagen?

MICHEL FOUCAULT

7 Verwirrung der Geschlechter: Von der Schwierigkeit, ein echter Mann oder eine echte Frau zu sein

Schon bevor ein neuer Mensch geboren wird, können wir mittels Ultraschall beobachten, wie er sich im Mutterleib bewegt. Wie sein Herz schlägt, wie er am Daumen lutscht. Und fast immer können wir dank der modernen Technik voraussagen, welches Geschlecht das Neugeborene haben wird. Nach neun Monaten ist es endlich so weit. Das Wunder ist geschehen. Ein Baby ist geboren. Spätestens zu diesem Zeitpunkt darf das Kind aber nicht mehr einfach nur »Kind« sein. Es kann nicht einfach nur »Kind von Hannes und Vera Schöllkopf« sein, sondern muss als deren »Sohn« (XY) oder »Tochter« (XX) identifiziert werden. Und es braucht einen Namen, der sein Geschlecht repräsentiert. Säugling Kevin, Säugling Lea-Maria. Kevin gehört wie Max und alle Söhne zum pastellblauen Stamm der Männer. Lea-Maria wird wie Gabi und alle Töchter dem rosafarbigen Stamm der Frauen übereignet. So nehmen die Dinge ihren Lauf. Kevin entwickelt eine Leidenschaft für Lastwagen, Lea-Maria, Gabi und Max fühlen sich zu Schminkpuppen hingezogen. Moment.

Max auch? Wenn man ihn fragt, was er einmal werden will, wenn er groß ist, sagt er: »Frau!«

Was ist eine Frau? Was ist ein Mann? Heutige Männer ziehen nur noch selten in den Krieg. Sie kochen, wickeln und verwenden Beauty-Produkte. Der junge Mann von heute trägt die gleichen Jeans, die gleichen Turnschuhe, die gleiche durchgestufte Frisur mit Seitenscheitel wie seine Freundin. Beide sind vielfach hochgewachsen, schlank und feingliedrig. Androgyn. Durch ein Fernglas betrachtet, gleichen sie einander wie ein Ei dem anderen. Als wäre die Frau der Spiegel des Mannes und der Mann der Spiegel der Frau. Doch je näher man sie heranzoomt, desto größer werden die Unterschiede. Der junge Mann trägt einen Bart, die junge Frau eine Packung Windeln. Er will seine Elternzeit nicht verlängern, sie arbeitet nur noch Teilzeit. Keine weiteren Fragen mehr.

Wie das festgefahrene Rollenspiel (Lastwagenfahrer/Puppenfreundin), das in der Kindheit beginnt und sich bis ins hohe Alter fortsetzt, so entspricht auch die Einteilung der Menschheit in zwei Geschlechter der Normalität. Normal ist ein Mann, der gut rechnen kann, normal ist eine Frau, die nicht einparken kann. Normal ist der kleine Unterschied, den wir laut Sigmund Freud (1856–1939) sogar unbewusst, im Schlaf, erkennen. In seiner *Traumdeutung* schreibt er:

Alle in die Länge reichenden Objekte, Stöcke, Baumstämme, Schirme (des der Erektion vergleichbaren Aufspannens wegen!), alle länglichen und scharfen Waffen: Messer, Dolche, Piken, wollen das männliche Glied vertreten. Ein häufiges, nicht recht verständliches Symbol desselben ist die Nagelfeile (des Reibens und Schabens wegen?). – Dosen, Schachteln, Kästen, Schränke, Öfen entsprechen dem Frauenleib, aber auch Höhlen, Schiffe und alle Arten von Gefäßen. – Zimmer im Traume sind zumeist Frauenzimmer, die Schilderung ihrer verschiedenen Eingänge und Ausgänge macht an dieser Auslegung gerade nicht irre.

Allerdings stimmt die Zwei-Geschlechter-Konvention mit der Wirklichkeit nicht ganz überein. Nicht alle Menschen sind rosa oder pastellblau, auch wenn der Kult des Normalen (»Es ist ein Junge!«, »Es ist ein Mädchen!«) uns dies glauben macht.

Bei der Leichtathletik-WM 2009 siegte eine Südafrikanerin beim 800-Meter-Lauf mit der Rekordzeit von 1:55,45 Minuten. Sofort wurde man misstrauisch: So schnell läuft keine Frau. Man ordnete einen Geschlechtstest an und fand heraus: Caster Semenya ist tatsächlich keine Frau. Sie ist aber auch kein Mann. Sie gehört in eine dritte Kategorie, die im Leistungssport – und von allen Arbeitgebern der westlichen Welt – allerdings ausgeschlossen wird: die *Intersexualität*. Intersexualität ist keine weitere, offiziell anerkannte Weise des Seins (wie die männliche und die weibliche), sondern gilt als »Störung in der Geschlechtsentwicklung« (DSD). Beispiele sind das Adrenogenitale Syndrom, das AndrogenInsensitivity Syndrom, das Ovotestikuläre DSD, die Gonadendysgenesie, das Klinefelter-Syndrom und das Turner-Syndrom. Vereinfacht gesagt: Bei intersexuellen Menschen stimmen beispielsweise Chromosomensatz oder Keimdrüsen mit der äußeren Erscheinung nicht überein. Da das deutsche Recht nur ein männliches oder weibliches, nicht aber ein intersexuelles Geschlecht kennt, müssen die Eltern eines intersexuellen Kindes eine vorläufige Entscheidung treffen, ob sie es als Andreas oder doch lieber als Andrea aufziehen möchten.

Betrachten wir das Ganze einmal vom Standpunkt der philosophischen Logik. Nehmen wir Aussage A: »Alle Frauen sind weiblich« und Aussage B: »Nicht alle Frauen sind weiblich.« A und B stehen in einem direkten Negationsverhältnis zueinander. Denn entweder sind alle Frauen weiblich oder eben nicht alle. A und B können nicht zugleich wahr sein – aber sie können auch nicht zugleich falsch sein. Das *Gesetz vom ausgeschlossenen Dritten* besagt nämlich, dass von zwei widersprüchlichen (kontradiktorischen) Aussagen immer entweder die eine oder die andere wahr sein muss. Eine dritte Möglichkeit – etwas, das irgendwo dazwischen liegt (»Einige Frauen sind weiblich und doch auch nicht-weiblich«) – ist ausgeschlossen: *tertium non datur*. Es scheint also logisch nicht möglich zu sein, dass ein Mittleres zwischen den beiden widersprüchlichen Aussagen wahr sein könnte. Logisch gibt es dieses Mittlere ja gar nicht. In der Wirklichkeit dagegen schon. Zum Beispiel in Gestalt von Caster Semenya, die weder Mann noch Frau ist.

Wenn also logisch ein Mittleres zwischen »männlich« und »weiblich« ausgeschlossen ist, müssen wir seine tatsächliche Existenz gleichwohl mitdenken, um die Bedeutung einer klar umrissenen männlichen beziehungsweise weiblichen Identität zu verstehen. Oder anders ausgedrückt: Ohne die Existenz des »Weder-männlich-noch-weiblich«, des »Sowohl-männlich-als-auch-weiblich«, des »Ein-wenig-männlich-und-ein-wenig-weiblich« usw. gäbe es keine klare Entgegensetzung von Mann und Frau. Genau genommen können wir nur dann völlig sicher sein, einen Mann vor uns zu haben, wenn wir sowohl sein Gegenteil (Frau) wie auch das, was dazwischen liegt (Intersexuelles), ausschließen. Wenn wahr ist, dass wir ein Mann sind und zugleich falsch ist, dass wir eine Frau sind, haben wir unsere Identität also letztlich auch dem zu verdanken, was wir ausschließen. Wenn dagegen falsch ist, dass wir ein Mann sind und zugleich falsch ist, dass wir eine Frau sind, haben wir Pech gehabt. Denn dann sind wir »ausgeschlossen«. Rechtlich gesehen gibt es uns dann überhaupt nicht.

Aber es ist noch komplizierter. Das deutsche Recht geht zwar von einer Einteilung in zwei Geschlechter aus, definiert aber nicht eindeutig, was als männlich oder weiblich zu gelten hat. Meist wird nach dem Personenstand geurteilt, manchmal aber auch nach dem Äußeren. Wenn zum Beispiel ein Mensch mit den Geschlechtsmerkmalen einer Frau, der Blusen und Perlenketten trägt, aber laut Personenstand ein Mann ist, ein Verbrechen begangen hat, kann man ihn nicht einfach in ein Männergefängnis stecken.

Moment. Ein Mann mit Brüsten? Und was soll das für eine Frau sein, die rechtlich gesehen (noch) ein Mann ist? Wenn wir diese Frage klären wollen, dürfen wir zweierlei nicht in einen Topf werfen: Geschlecht und Geschlechtsidentität. Nicht immer ist das biologische Geschlecht deckungsgleich mit der (subjektiven) Geschlechtsidentität. Auch wenn die medizinische Untersuchung der Chromosomen, Gene, Genitalien und des Gehirns eines Menschen ein stimmiges Bild ergibt, kann seine geschlechtliche Identität davon abweichen. Jemand kann sich seines objektiv nachweisbaren körperlichen Geschlechts bewusst sein (Mann oder Frau) – und sich dennoch mit absoluter innerer Gewissheit dem anderen Geschlecht (Frau oder Mann) zugehörig fühlen. Wenn der kleine Max gerne mit Schminkpuppen spielt und auch gerne die Röcke seiner Schwester trägt, mag das nur ein kindlicher Spleen sein. Wenn er aber mit acht, neun – oder vielleicht erst mit vierzig Jahren – immer noch darauf besteht, »Frau« werden zu wollen, sollten wir das nicht überhören. Es könnte sein, dass er *transsexuell* ist.

Transsexualität gilt heute als »Störung der Geschlechtsidentität«, die möglicherweise aus einem vorgeburtlichen hormonellen Ungleichgewicht resultiert. Wird diese Störung bei einem Menschen diagnostiziert, geht es allerdings nicht darum, sie zu heilen. Im Gegenteil, die sogenannte Störung soll gefördert und kultiviert werden, idealerweise durch eine begleitende Psychotherapie. Denn transsexuelle Menschen, auch »Transgender« genannt, sind weder pervers noch neurotisch noch wahnkrank – noch intersexuell. Sie sind lediglich der felsenfesten Überzeugung, dass sie in Wirklichkeit ein Mann/eine Frau sind, obwohl sie eine Frau/ein Mann sind. Diese Überzeugung ist der Ausgangspunkt einer Dynamik, der sich die Betroffenen auch mit größter Willenskraft nicht entziehen können. Ihre eigene Natur zwingt sie gleichsam, sich die Identität des anderen Geschlechts zu erkämpfen. Am Ende steht meist die hormonelle und chirurgische Umwandlung in das Gegengeschlecht, die Namens- und Personenstandänderung. Aber es gibt hier keine typischen – und auch keine anormalen – Verläufe. Nicht alle Transsexuellen gehen ihren Weg zu Ende. Einige verheimlichen oder verleugnen ihre innere Gewissheit. Schließlich können sie nicht damit rechnen, dass eine Welt, die nicht nur an der Zwei-Geschlechter-Konvention festhält, sondern auch glaubt, ein Mann sei ein Mann und eine Frau eine Frau, sie mit offenen Armen empfängt. Wie würden wir wohl reagieren, wenn uns unser Sohn oder unsere Tochter eines Tages eröffnet, er/sie sei nicht das, wofür wir ihn/sie jahrelang gehalten haben, sondern genau das Gegenteil?

Transsexuelle Menschen erschrecken uns, aber sie faszinieren uns auch. Denn sie zwingen uns zu einem radikalen Perspektivenwechsel. Sie fordern uns heraus, darüber nachzudenken, was wir selbst, abgesehen von Geschlechternormen, »wirklich« sind – oder sein könnten. Ein nicht ganz einfaches Unterfangen, das sogar Experten auf diesem Gebiet an ihre Grenzen bringt. So berichtet der Psychotherapeut Reinhard Herold über seine Begegnung mit Transsexualität:

Jetzt begann ich eine sich steigernde Verwirrung und Irritation zu spüren. Alles wurde mir wieder unsicher, zerrann mir zwischen den Fingern ... Spontan fragte ich (einen erfahrenen Psychoanalytiker), ob er wüsste, welche Institution

Gutachten für eine geschlechtsumwandelnde Operation von transsexuellen Patienten stellen würde. »Auf so was lässt man sich als Analytiker erst gar nicht ein«, beschied er mir lächelnd und ging weiter ... Jetzt wollte ich verstehen, was da mit mir und auch mit anderen passierte, wenn es um Transsexualität ging ... Mein Gefühl der Beschämung, das in ein Nicht-mehr-denken-Können, also einen akuten Verwirrtheitszustand mündete, war Ausdruck dieses plötzlichen Verlustes dieser Sicherheitsposition, die identitätsstiftend wirkt.

Nicht der transsexuelle Mensch ist also verwirrt – wir sind es. Kein Wunder. Dass dieser Mensch behauptet, etwas zu sein, was er nicht ist, ist ein Affront gegen unser Verständnis von Logik. Denn wenn wir es mit Transsexualität zu tun bekommen, formt sich in unserem Kopf die Aussage: »Es ist möglich, dass ein Mann/eine Frau ein Mann/eine Frau ist und es zugleich nicht ist.« Oder philosophisch ausgedrückt: »Es ist möglich, dass etwas der Fall ist und zugleich nicht der Fall ist.« Wir denken etwas, das undenkbar ist – und bringen damit das Fundament der abendländischen Logik ins Wanken: den *Satz vom Widerspruch*. Die wichtigste und bis heute aktuelle Formulierung dieses Satzes finden wir in Aristoteles' *Metaphysik*: »Dass ein und dasselbe ein und demselben nach der selben Hinsicht gleichzeitig zukommt und nicht zukommt, ist unmöglich.«

Das heißt: Wenn wir denken: »Dieser Mensch ist ein Mann« und gleichzeitig denken: »Dieser Mensch ist nicht ein Mann«, widersprechen wir uns. Und indem wir uns widersprechen, also etwas denken (»Es ist der Fall, dass ...«), was wir sofort wieder zurücknehmen (»Es ist nicht der Fall, dass ...«), denken wir eigentlich überhaupt nichts – zumindest nichts, das Sinn macht. Denn alles logische Denken beruht auf der Voraussetzung: »Es ist unmöglich, dass etwas der Fall ist und zugleich nicht der Fall ist.«

Wir könnten einwenden: Schön, dieses logische Problem mögen wir angesichts solcher Menschen haben, deren transsexuelle Entwicklung noch nicht abgeschlossen ist – die mit der Hormoneinnahme vielleicht erst begonnen haben, die (noch) nicht operiert sind, in deren Äußerem sich Männliches und Weibliches wechselseitig überlagern. Aber was ist mit jenen, bei denen biologisches Geschlecht und subjektive Geschlechtsidentität bereits vollständig »angeglichen« sind? Handelt es sich hier nicht um ganz normale – oder wieder normal gewordene – Männer und Frauen? Nicht ganz. Eine Frau, die als Mann geboren wurde, hört in gewisser Hinsicht nie auf, Mann zu sein. Die männliche Identität ist immer noch da, weil der Mensch, der als Mann geboren wurde und nun eine Frau ist, ja immer noch existiert. Die alte Identität bleibt neben der neuen bestehen, denn beide sind Teil ein und derselben Lebensgeschichte. Somit hört der transsexuelle Mensch auch nie auf, den Widerspruch zu verkörpern. Selbst wenn er sich noch so sehr wünscht, ein Leben im Einklang mit der Zwei-Geschlechter-Konvention zu führen, kann er das Widersprüchliche in sich nicht tilgen. Am Anfang seines Weges ist er ein Mann/eine Frau, am Ende eine Frau/ein Mann. Aber er bleibt ein und dasselbe »Ich«.

Die Begegnung mit Transsexualität und Intersexualität ist mehr als verwirrend. Sie konfrontiert uns auch mit unserem eigenen geheimen Wunsch, ein anderer/eine andere sein zu wollen, als der/die wir sind. Zumindest probeweise. Und nicht nur im Karneval. Im Fasching ist es – ausnahmsweise – normal, aus der gewohnten psychosozialen Rolle auszubrechen und sich zu verkleiden. Auch als das Gegengeschlecht. Männer dürfen Langhaarperücken, Strapse und Stöckelschuhe tragen und Frauen Vollbärte, ohne als Transvestiten (nicht zu verwechseln mit Trans- beziehungsweise Intersexuellen) verlacht zu werden.

Wie wäre es, wenn wir Frauen nicht nur zur Weiberfast-
nacht den Männern die Krawatte abschnitten? Wie wäre es,
wenn wir Männer wenigstens einmal in unserem Leben in
schicken Lackstiefeln ins Büro stolzierten? Wer weiß, ob wir
nicht einen besseren Job hätten, wenn wir statt blonder
Zöpfe einen Schnurrbart trügen. Wer weiß, ob es nicht para-
diesisch wäre, überhaupt noch einmal von vorne anfangen
zu können. Als Mann/Frau. Zwanzig zu sein, anstatt vierzig,
als ungebundener Twen herumzureisen, statt im sicheren
Hafen der Ehe zu ankern. Und wie wäre es, wenn wir uns
ab und zu in unseren Chef, unsere Reinigungsfrau oder in
einen von Interpol gesuchten Meisterdieb verwandeln könnten? Schön oder schrecklich?

Die Fotos der Künstlerin Cindy Sherman (* 1954) bieten
uns hervorragende Projektionsflächen für die Sehnsüchte
und Ängste, die der Wunsch nach Verwandlung in uns aus-
löst. Sherman fotografiert fast ausschließlich sich selbst –
doch nicht in narzisstischer Absicht. Obwohl wir auf bei-
nahe jedes ihrer Bilder Cindy Sherman sehen, handelt es
sich um keine Selbstporträts, sondern um solche – so will
die Künstlerin es jedenfalls verstanden wissen – jeweils anderer »Ichs«: Schauspielerinnen, Frauen mit viel und wenig
Geld, desorientierte Frauen, Frauen, die auch Männer sein
könnten, verängstigte Frauen, Clown-Frauen, tagträumende
Frauen, Monster-Frauen. Sie inszeniert ihre Fotos als Stand-
bilder, historische Gemälde oder satirische Gesellschaftspor-
träts. Alle Bilder sind »untitled«, ohne Titel. Es ist ein Spiel
mit den unterschiedlichsten Identitäten, das uns – ob Mann
oder Frau – dazu animiert, uns selbst und das, was uns an
uns fremd ist, darin zu suchen. Shermans Fotos haben eine
verführerisch glänzende Oberfläche, die den Betrachter einerseits magisch anzieht, andererseits auch zutiefst misstrauisch macht. Ist das, was da abgebildet ist, das ganze Bild?
Geht es um die Oberfläche oder um das, was dahintersteckt?

Cindy Sherman, Untitled #477, 2008

Wenn es bei dem, was ich sehe, auch um »mich« geht: Bin ich tatsächlich weiblich oder männlich? Mensch oder Marionette? Existiere ich wirklich oder nur als Klischee?

Shermans früheste und berühmteste Porträtserie »Untitled Film Stills« (1977–1980) simuliert schwarz-weiße Standfotos aus Hollywoodfilmen der fünfziger und sechziger Jahre. Wir sehen Heldinnen aus Filmen, die es nie gegeben hat – Kopien ohne Original. Jede Aufnahme enthält ein Spannungsmoment, eine latente Bedrohung, ein verschleiertes Geheimnis, ähnlich wie in einem Hitchcock-Thriller. Wir sind aufgerufen, in unserer Seele und unseren Träumen zu kra-

Cindy Sherman, Untitled Film Still #6, 1977

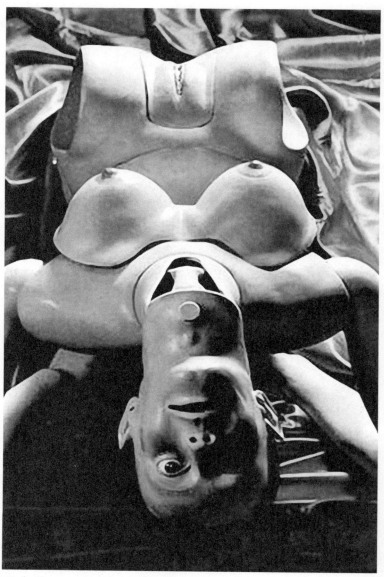

Cindy Sherman, Untitled #261, 1992

men, um die jeweilige Szene zu betiteln. Die Frauen in den »Film Stills« sind sorgfältig geschminkt. Sherman setzt Make-up allerdings nicht als klassisches Attribut der Weiblichkeit ein, sondern als Maskerade. Sie benutzt Kosmetik im Sinne des altgriechischen Wortes *kosméo*: als ein Mittel, um etwas in Ordnung zu halten. Das mit Lidstrich und Lipgloss verzierte Gesicht ist die ordentliche Fassade, hinter der plötzliche Gefühlsausbrüche, Schwäche und Hilflosigkeit lauern.

In ihrer Fotoserie alternder Damen der Gesellschaft von 2008 scheint die porträtierte Weiblichkeit selbst Maskerade zu sein. Die Fassade aus Foundation, Powder-Make-up, Lippen- und Konturenstift bröckelt. Die zu hohen Bögen stilisierten Augenbrauen und pseudo-jugendlichen Kussmünder kaschieren mühsam die chaotischen und gebrochenen Persönlichkeiten dahinter. Trotz ihrer anscheinend akribisch einstudierten Posen sind die »Dargestellten« nur traurige Karikaturen ihrer selbst.

Noch skurriler sind die »Sex Pictures« (1992) der »Untitled«-Serie. Der Betrachter glaubt sich in eine Art Gruselkabinett mit lauter deformierten Körperattrappen hineinversetzt. Shermans Ziel ist es hier, die Natürlichkeit des Weiblichen oder Männlichen als Lüge zu entlarven: Statt sinnlicher Akte – *sex pictures* – sehen wir halb amputierte Plastikpuppen mit Prothesen und Implantaten, mit zugleich weiblichen und männlichen Geschlechtsteilen aus Acryl und Kunsthaar. Diese Schauerlichkeiten repräsentieren extreme Pervertierungen offiziell anerkannter Körperideale. Bei ihrem Anblick stellt sich uns die Frage, inwieweit unsere Vorstellungen von einem schönen Körper nicht auch von dessen Gegenteil – vom Hässlichen und Monströsen – bedingt sind.

Shermans Nicht-Selbstporträts persiflieren Geschlechternormen, all das, was als spezifisch weiblich oder männlich gilt. Mit ihren provokanten Parodien geht sie der philosophischen

Frage nach, worin die Echtheit der Geschlechter – jenseits von (einengenden) biologischen, medizinischen und sozialen Normen – wirklich besteht. »Manchmal, wenn ich frühere Bilder von mir anschaue, denke ich: So wie diese Schauspielerin mit den langen blonden Haaren bin ich inzwischen wirklich geworden«, sagte sie 2009 der *Süddeutschen Zeitung*. So scheint Shermans permanenter Rollenwechsel, ihr ständiges Sich-Einüben in neue Identitäten mit der Echtheit ihrer eigenen Person fast untrennbar verbunden.

Ähnlich wie die Künstlerin ständig eine neue Rolle, eine neue Echtheit ausprobiert, muss sich auch ein transsexueller Mann, der zur Frau wird, in seine neue Rolle einüben. Mit dem Unterschied, dass er sie nicht wieder ablegen will. Anfangs hat er bestimmte Erwartungen und Vorstellungen, wie es drüben, auf der Seite der Frauen, aussehen wird. Ob diese Fantasien der Wirklichkeit entsprechen, kann er nur herausfinden, indem er tatsächlich die Rolle der Frau übernimmt. Dazu muss er sich das Frausein aber erst einmal abschauen, er muss es imitieren, wenn es ganz und gar zu seiner Natur werden soll. Je perfekter seine Imitation, desto echter sein Frausein.

Wir dagegen, die wir keine Künstler oder Transsexuelle, sondern ganz normale Frauen und Männer sind, glauben auch ohne Imitation authentisch zu sein. Aber was tun wir anderes, wenn wir uns den Schlips binden, Rouge auflegen, uns in Pose werfen? Wenn wir besonders weibliche oder männliche Gesten vollziehen – imitieren wir dann nicht auch bestimmte Normen, geben wir dann nicht auch vor, einem bestimmten geschlechtlichen Ideal zu entsprechen? Die Weiblichkeit oder Männlichkeit, die wir nach außen repräsentieren, ist nie ganz deckungsgleich mit dem, wie es in uns aussieht. Zwischen der geschlechtlichen Idealnorm und unserer körperlich-seelischen Verfasstheit klafft eine Lücke. Vielleicht deshalb, weil zwischen männlichem und weiblichem Körper letztlich doch ein Kontinuum besteht ...

Der Graben zwischen männlich und weiblich ist gar nicht so tief, wie wir denken. Nehmen wir uns selbst gegenüber also eine etwas entspanntere Haltung ein. Trauen wir uns, hin und wieder aus der angestammten Rolle zu fallen, die Anzüge und Make-up-Schichten abzulegen und zu zeigen, was in uns steckt.

Philosophisches Gedankenexperiment: Mehr oder weniger?

Ludivine ist ein aufstrebendes Filmsternchen. Wenn es ihre Drehtermine zulassen, verbringt sie den Juli gern in Saint-Tropez. Sie liebt es, am Strand zu liegen und von ihrem künftigen Ruhm zu träumen: »Ludivine – das neue Bond-Girl!« ... »Ludivine für den Oskar nominiert« ... »Ludivine und Leonardo DiCaprio bei heimlichem Tête-à-Tête in Paris gesichtet« ...

Nachdem sie eine Weile vor sich hingeträumt hat, wird ihr langweilig. Sie beginnt, aus einem Haufen Sand den Kopf der jungen Brigitte Bardot zu formen. Während sie entzückt das Ergebnis betrachtet, kommt Wind auf. Der Wind bläst einige Sandkörner von ihrem Kunstwerk fort ins Meer. Da nur ein paar Sandkörner fehlen, ist Ludivines Brigitte-Bardot-Kopf natürlich immer noch als solcher zu erkennen. Wir könnten sogar noch ein paar mehr Sandkörper entfernen – es wäre immer noch die Bardot. Zehn oder fünfundzwanzig Sandkörner weniger würden keinen Unterschied machen.

Nun wird der Wind etwas stärker. Mehr und immer noch mehr Sand wird weggeweht. Wie viele Sandkörner müssten wohl fehlen, bis der Brigitte-Bardot-Kopf keiner mehr wäre, sondern bloß ein undefinierbares Etwas? Welches Sandkorn würde die *Grenze* markieren? Wenn Sie sich neben Ludivine setzen und jeder von Ihnen abwechselnd ein Sandkorn entfernt, passiert erst einmal gar nichts. Sie entfernen ein Korn, Ludivine entfernt ein Korn. Der Bardot-Kopf bleibt der Bardot-Kopf. Sie entfernen ein weiteres Korn, und wieder passiert nichts. Wenn das Entfernen des zweihundertdritten Sandkorns keinen Unterschied gemacht hat, wird auch das fehlende zweihundertvierte Sandkorn keinen Unterschied machen. Oder? Theoretisch könnten Sie ewig so weitermachen. Praktisch wird Ihnen irgendwann auffallen, dass das Kunstwerk nicht mehr ganz wie ein Kunstwerk aussieht – obwohl Sie es keine Sekunde aus den Augen ließen! Irgendwann werden Sie an den Punkt kommen, wo sie merken, dass etwas nicht stimmt. »Sieh mal«, werden Sie zu Ludivine sagen, »Brigittes Nase ist nicht mehr da!« – »*Mon dieu*«, wird Ludivine erwidern, »und ihre Locken haben gar kein Volumen mehr!«

Es wäre für Sie also kein Problem, irgendwann größere Veränderungen an Ludivines Kunstwerk festzustellen. Diese größeren Veränderungen sind aber doch nichts anderes als die *Summe* vieler winziger Veränderungen. Wenn Sie nun diese winzigen Veränderungen nicht wahrnehmen, dürften Sie eigentlich auch nicht die größeren Veränderungen wahrnehmen können. Aber Sie können es.

Dieser Merkwürdigkeit begegnen wir nicht nur, wenn wir es mit Skulpturen aus Sand zu tun haben. Die Entwicklung des menschlichen Körpers ist ein hervorragendes Beispiel dafür, wie aus unmerklichen Unterschieden merkliche Veränderungen entstehen. Wenn wir unser Baby Tag für Tag wickeln, säugen und in den Schlaf singen, scheint nichts mit ihm zu passieren. Erst wenn wir das Kind von Zeit zu Zeit fotografieren, können wir die Unterschiede an seinem Äußeren feststellen. Erst dann haben wir den Beweis, dass es wächst und sich entwickelt. Ähnlich ist es mit den Falten in unserem Gesicht. Eines Tages entdecken wir beim allmorgendlichen Blick in den Spiegel eine zarte Linie am linken Mundwinkel, die wir nie zuvor bemerkt haben. Was nicht heißt, dass diese Linie von einer Sekunde auf die andere entstanden ist. Das Entstehen dieser Linie, die sich irgendwann in eine Falte verwandeln wird, vollzog sich einfach jenseits unserer bewussten Wahrnehmung. Und so ist es mit jeder Linie, mit jeder Falte. Irgendwann sind wir völlig runzlig und wundern uns, wie es so weit kommen konnte.

Wenn wir uns einer Veränderung nicht bewusst sind, heißt das nicht, dass sie nicht doch irgendwie in unserem Zentralnervensystem abgebildet wird. Wir registrieren sie also schon – wir wissen es nur nicht. Das wiederum wirft die Frage auf, wie aus kleinen neuronalen Veränderungen irgendwann – plötzlich – bewusste Wahrnehmung resultieren kann. Und warum manche Veränderungen an Sandskulpturen auf unsere Sehnerven und unser Gehirn einwirken und andere eben nicht.

Stellen Sie sich vor, Sie würden, anstatt langsam immer älter und faltiger zu werden, sich im Laufe Ihres Lebens auf ganz natürliche Weise in Ihr Gegengeschlecht verwandeln. Nehmen wir an, Sie sind ein Mann. Malen Sie sich einmal aus, wie sich über Ihren Hüften mit den Jahren still und leise eine Taille formt. Wie Ihre Stimme von Jahr zu Jahr höher wird. Wie Ihre Handgelenke schmaler und Ihr Gang geschmeidiger werden. Hätte dies irgendwelche Auswirkungen auf Ihre Ehe, auf die Beziehung zu Ihren Kindern, auf Ihre berufliche Stellung? Wie wäre es, immer derselbe Mensch zu sein, aber nicht immer dasselbe Geschlecht zu haben, sondern zu verschiedenen Lebenszeiten in beiden Geschlechtern zu leben oder zuerst in einem, dann im anderen? Können Sie sich das vorstellen, ohne dass Ihnen schwindlig wird?

Vielleicht wollen Sie dieses Gedankenexperiment lieber nicht wagen. Dann könnten Sie stattdessen der Frage nachgehen: Wenn alles auf der Welt, menschliche Lebewesen eingeschlossen, sich in einem kontinuierlichen Wandel befindet – was bleibt (sich) dann überhaupt noch gleich?

Es ist ungewiss, wo uns der Tod erwartet;
erwarten wir ihn also allenthalben!

MICHEL DE MONTAIGNE

8 Medusa und die Medizin: Verirrung an der Grenze des Lebens

Ab welchem Alter ist man alt? Der Gedanke ans Alter mag uns zum jetzigen Zeitpunkt unseres Lebens ziemlich kalt lassen. Noch sind nur die anderen alt. Wir bedauern alle, die eine Gehhilfe und Essen auf Rädern in Anspruch nehmen müssen – und sind froh, dass uns dieses Schicksal vorerst erspart bleiben wird. Aus unserer jetzigen Perspektive erscheint es uns kaum vorstellbar, dass auch wir einmal alt sein werden. Wie wird unser Leben sein, wenn wir eines Tages zu taub sind, um unsere Lieblings-iTunes zu hören? Wird das Leben ohne Mountainbike und Snowboard nicht furchtbar öde sein? Wenn wir schon alt werden müssen, dann bitte nach Art von Helmut Schmidt. Trotz Schwerhörigkeit und Gehbehinderung von allen verehrt und mit Preisen überhäuft zu werden – das würde uns gefallen. Helmut Schmidt scheint uns der wandelnde Beweis zu sein, dass sogar hohes Alter noch Vorteile haben kann.

Nehmen wir an, wir könnten es uns aussuchen, ob wir alt werden oder nicht. Für das Altwerden spräche, dass wir uns gemeinsam mit den anderen Alten an die veränderten Umstände anpassen würden: Damit würden wir uns gar nicht so alt fühlen, wie wir tatsächlich wären. Außerdem würden wir weise. Bei richtiger Lebensführung würde unser Kräfteverlust durch Lebenserfahrung und Klarsicht wettgemacht. Wir wären jungen Menschen, die dazu neigen, ihre Energie grundlos zu verschwenden, ein Vorbild. Wir könnten uns zurücklehnen und endlich die Lorbeeren ernten, die uns in früheren Jahren versagt wurden. Laut Cicero (106–43 v. Chr.) ist das Ansehen schließlich die Krönung des Alters. In *Cato der Ältere über das Alter* schreibt der römische Philosoph:

Welche leiblichen Genüsse sind da mit den Vorzügen des Ansehens zu vergleichen? Diejenigen, die sie auf eindrucksvolle Weise geltend machten, die haben, wie mir scheint, das Stück des Lebens zu Ende gespielt und sind nicht wie ungeübte Schauspieler im letzten Akt zusammengebrochen.

Aber was ist der tatsächliche Grund für dieses Ansehen: das Alter oder die im Alter immer noch konservierte Jugendlichkeit? Gegen das Altwerden könnten wir die zunehmenden körperlichen Einschränkungen und die stete Verminderung der Merkfähigkeit anführen. Es wäre nicht schön, ständig irgendetwas zu verlegen und von seinen Kindern und Enkeln mit ungeduldigem Schnauben daran erinnert zu werden, dass man ein und dieselbe Geschichte schon zum hundertsten Mal von sich gegeben habe. Und es wäre furchtbar, ständig mit der Angst leben zu müssen, wie so viele Hochbetagte dement zu werden. Wenn Demenz heißt, ziellos in der Nachbarschaft umherzustreunen und die eigenen Verwandten nicht mehr wiederzuerkennen, und wenn Demenz eine unheilbare Krankheit ist, die uns alle treffen kann, wollen wir lieber nicht alt werden. Denn nach der Demenz kommt nur noch der Tod.

Wir sterben nicht unbedingt, weil wir irgendwann krank werden – wir werden krank, weil wir sterblich sind. Unser künftiger Tod ist keine Vermutung, sondern eine Tatsache. Wir sind uns ziemlich sicher, dass wir nicht nächsten Monat versterben. Aber wir wissen genau, dass wir in hundertfünfzig Jahren tot sein werden. Was es *bedeutet*, tot zu sein, wissen wir dagegen nicht.

Natürlich können wir nach Lust und Laune über den Tod philosophieren. Wir können Hypothesen darüber anstellen, was der Tod wohl beinhaltet oder was nach dem Tode geschieht, wie wahrscheinlich zum Beispiel die Möglichkeit einer Wiedergeburt wäre. Es ist eine Sache, über den Tod nachzudenken – und eine völlig andere, die Tatsache des Todes, dieses absolut Fremden, zu *begreifen*. Wenn ein uns nahestehender Mensch zu sterben droht oder wenn wir selbst in eine Situation geraten, die für uns tödlich sein könnte, sind wir mit der Philosophie schnell am Ende. In solchen Fällen sind wir nämlich überhaupt nicht mehr fähig, klar zu denken. Wir sind hochgradig *irritiert*. Das Merkwürdige daran ist nun: Nur auf dem Wege der Irritation kommen wir seiner Bedeutung näher. Nur indem wir uns vom Tod irritieren lassen, fangen wir an zu verstehen, was wir nicht begreifen können. Was uns zumindest so lange unfassbar erscheint, wie wir versuchen, uns durch Nachdenken Klarheit darüber zu verschaffen.

Da der Tod vernunftmäßig unbegreiflich ist, erscheint er uns irgendwie auch unmöglich. Vielleicht nicht der Tod anderer, aber unser eigener Tod. Der Todesfall scheint ein Fall zu sein, der uns nicht betrifft. Welche Szenerie wir uns für unseren eigenen Tod auch ausmalen – ein strahlend weißes Licht, ein melodisches Rauschen, einen Tunnel –, wir denken uns selbst doch irgendwie immer mit. Wir können uns einfach nicht vorstellen, nicht mehr zu sein. Wir sagen: »Natürlich weiß ich, dass ich früher oder später sterben werde.«

Und denken im Stillen: Gut, ich weiß es. Trotzdem kann ich nicht glauben, dass *mir* das passieren wird. Diese Art der Selbsttäuschung kennen wir auch aus ganz anderen Situationen. Wenn wir zum Beispiel sagen: »Ich weiß, dass ich nicht gut genug für diesen Job bin«, denken wir gleichzeitig: Gut, ich weiß es – trotzdem halte ich es für eine Untertreibung. In Wahrheit bin ich mindestens genauso gut wie alle anderen. Aber in diesem Fall ist die Selbsttäuschung natürlich nicht ganz so dramatisch.

Je näher unser eigener Tod rückt, desto mehr halten wir ihn für ein Ding der Unmöglichkeit. Wir beginnen ihn erst dann als »unmögliche« Tatsache zu akzeptieren, wenn wir durch seine Nähe schon in tiefgreifender Weise irritiert sind.

Solange wir glauben, der Tod würde in unserem Fall noch einmal ein Auge zudrücken und sich für immer aus dem Staub machen, verweigern wir uns dieser Irritation. Wir tun so, als könnten wir dem Blick des Todes ausweichen.

Die mythologische Gestalt der Medusa ist einer der berühmtesten Versuche, der (unbegreiflichen) Bedeutung des Todes Ausdruck zu verleihen. Die Gorgo Medusa verwandelt jedes Lebewesen, das ihren Blick kreuzt, in einen Stein. Wer sie anblickt, schaut seinem eigenen Tod ins Gesicht. Seit der frühen griechischen Antike findet sich ihr Bild zur Abschreckung auf Tempelgiebeln, Schilden und Münzen. Es ist ein grotesker und zugleich grauenvoller Anblick. Medusa wird ausnahmslos frontal dargestellt, so dass man gar nicht anders kann, als ihr in die weit aufgerissenen Augen zu sehen. Ihr kreisrundes, grimassierendes Gesicht gleicht dem einer Löwin, ihr Haar ist voller Schlangen, die Ohren sind riesig und deformiert. Auf dem Schädel trägt sie oft Hörner. Den Mund mit der heraushängenden Zunge entstellt ein grauenvolles Lachen, das eine Reihe von Haken- und Stoßzähnen

– ähnlich denen eines Wildschweins – entblößt. Wenn sie lacht, klingt es, als würde man auf Bronze schlagen. Das Kinn ist haarig oder bärtig, die Haut manchmal von tiefen Furchen durchzogen.

Hesiod erzählt, wie Perseus, der Sohn des Zeus und der schönen Danaë, den Kampf gegen das Ungeheuer aufnimmt. Polydektes, der König von Seriphos, will Danaë erobern, aber Perseus ist ihm im Weg. Also tut Polydektes so, als wolle er eine andere heiraten. Darauf verspricht der leichtsinnige Perseus dem König ein Hochzeitsgeschenk seiner Wahl. Polydektes will das Unmögliche: das Haupt der Medusa. Aber Perseus kann sein Versprechen halten – dank der Hilfe von der Kriegsgöttin Athene, die ihn warnt, Medusa bloß nie anzuschauen. Zuerst muss Perseus das Versteck von Medusa und ihrer beiden Schwestern aufspüren. Die drei stygischen Nymphen überlassen ihm ein Paar geflügelter Sandalen, einen Zaubersack und den unsichtbar machenden Hades-Helm. Hermes gibt ihm zusätzlich noch eine diamantene Sichel, die das Haupt der Medusa durchtrennen soll. Als Perseus die Gorgonen gefunden hat, rät ihm Athene, so lange zu warten, bis Medusa und ihre Schwestern eingeschlafen sind. Jetzt steht er vor der Herausforderung, Medusa den Kopf abzuschlagen, ohne sie aber dabei anzuschauen. Athene positioniert ihr poliertes Schild so vor Medusa, dass Perseus nur ihr Spiegelbild zu fixieren braucht, um ihren Hals zu treffen. Das Vorhaben gelingt: Perseus verstaut das Medusenhaupt in seinem Zaubersack und flieht. Der Todesschrei der Medusa hat ihre Schwestern aufgeschreckt. Auch sie kreischen fürchterlich, doch Perseus ist mit seinen geflügelten Sandalen schneller als sie, und außerdem kann er sich mit dem Hades-Helm in Luft auflösen.

Perseus kehrt nach Seriphos zurück, um Polydektes das Geschenk bei einem großen Festessen zu übergeben – und sich so an ihm zu rächen. Er öffnet seinen Sack vor den

Caravaggio, Medusa, um 1596

Augen der Tafelnden und lässt den Kopf der Medusa am ausgestreckten Arm hin und her schaukeln. Im selben Augenblick erstarrt alles. Die Geste, das Essen, das Geschirr, das gesamte Gastmahl, alles wird zur steinernen Skulptur.

Wer den Flirt mit Medusa wagt, stirbt. Er hat keine Chance mehr, dem Unbegreiflichen des Todes auf die Schliche zu kommen, sondern wird gewissermaßen selbst Teil dieses Unbegreiflichen. Das Antlitz der Medusa erinnert daran, dass wir gegen den Tod nicht die geringste Chance haben.

Daran hat sich bis heute nichts geändert – trotz aller medizinischen Fortschritte.

Im Gegensatz zum Mythos pflegt die moderne Medizin einen streng rationalen Umgang mit dem Tod. Sie hat das absolut Fremde des Todes entzaubert und für ihre Zwecke instrumentalisiert – so zumindest sieht es der französische Philosoph Michel Foucault (1926–1984). In seinem Werk *Die Geburt der Klinik* porträtiert er die moderne klinische Medizin als Teil eines umfassenden kulturellen Wandels, der mit der Aufklärung und der Französischen Revolution begann. An der Wende vom 18. zum 19. Jahrhundert will die Medizin nicht mehr unter dem Bann des Todes stehen, sie will Transparenz. Entsprechend sieht sie Krankheit nicht mehr als todbringendes metaphysisches Übel an, sondern als eine Art Code, den das geschulte Auge des Mediziners problemlos entziffern kann. Die moderne Klinik interessiert sich nicht für die Beschwerden des einzelnen Patienten. Ihr geht es um die Krankheit, die sich mehr oder weniger zufällig einer Person – das heißt eines menschlichen Körpers – bemächtigt hat. Nicht der Kranke, die Krankheit steht im Vordergrund: Die Patienten sind bloß Lehrbeispiele für die Auswirkungen gesundheitlicher Störungen.

Als Schlüssel zur Heilung gilt die nur Eingeweihten verständliche fachsprachliche Benennung von Krankheiten. Indem der Kliniker dem, was er sieht, einen speziellen Namen gibt, glaubt er Zugang zur vollständigen Wahrheit einer Krankheit zu bekommen. Er glaubt, diese Wahrheit am Körper des Patienten gleichsam ablesen zu können. Wenn er ein Leiden zum Beispiel mit »Pleuritis« (Brustfellentzündung) bezeichnet, enthält diese Bezeichnung für ihn auch ganz automatisch bestimmte Symptome: stechende Schmerzen, Reizhusten, Fieber. »Pleuritis« ist aber nicht einfach nur ein Kürzel für alle Elemente, aus denen sich die Krankheit zusammensetzt. Es gibt auch sofort Aufschluss über die anzuwendenden Mittel und den wahrscheinlichen Verlauf der Krankheit, die damit verbundenen Heilungschancen und Risiken.

Ende des 18. Jahrhunderts nutzt der französische Mediziner Marie François Bichat die pathologische Anatomie erstmals als eine »Technik des Leichnams« (Foucault). Ihm geht es darum, zweierlei Phänomene zu unterscheiden: die Erscheinungsformen der Krankheit selbst und die Anzeichen des nahenden Todes. Bichat beschreibt den Tod nicht mehr als einmaliges mysteriöses Ereignis, sondern als Prozess, der in zeitlich gestreute Einzeltode gegliedert ist: den Herztod, den Tod des Gehirns, den Lungentod. Seiner Bedrohlichkeit beraubt, wird der tote Körper gleichsam zu einem Analyseinstrument, das die Beziehung zwischen Krankheit und Leben erhellt. Foucault zitiert Bichat:

> »Sie können zwanzig Jahre lang vom Morgen bis zum Abend am Bett der Kranken Notizen über die Störungen des Herzens, der Lungen, des Magens machen; all dies wird Sie nur verwirren; die Symptome, die sich an nichts anknüpfen, werden Ihnen eine Folge unzusammenhängender Phänomene darbieten. Öffnen Sie einige Leichen: Alsbald werden Sie die Dunkelheit schwinden sehen, welche die bloße Beobachtung nicht vertreiben konnte.«

Der rationale Umgang mit dem Tod hat uns der Frage nach seiner Bedeutung auch nicht nähergebracht. Zwar wissen wir heute, dass es einen Unterschied zwischen biologischem Tod (Hirntod) und klinischem Tod (Stillstand von Herztätigkeit und Atmung) gibt. Wir wissen, wie Tod definiert ist, nicht aber, was er für jeden von uns bedeutet. Die Erkenntnisse, die uns die Untersuchung toter Körper verschafft hat, lassen ihn nur noch geheimnisvoller erscheinen.

Wie verhält sich der biologische Tod nun zu dem, was wir den *metaphysischen Tod* nennen könnten – dem Schwinden unseres subjektiven Horizonts, der alles enthält, was für uns »Welt« ist? Darauf versuchte der russische Schriftsteller Leo Tolstoi (1828–1910) eine Antwort zu geben. Seine Erzählung *Der Tod des Iwan Iljitsch* führt uns an die äußerste Grenze des Lebens heran. Die Titelfigur Iwan Iljitsch ist ein pflichtbewusster, ehrgeiziger Staatsanwalt, der viel Wert auf sein gesellschaftliches Renommee legt. Nach einer Zeit beruflicher und ehelicher Frustrationen bekommt er überraschend einen hoch bezahlten Job in Sankt Petersburg. Eifrig beginnt er, eine neue Wohnung für sich und seine Familie einzurichten. Beim Gardinenaufhängen rutscht er von einer Leiter und schlägt mit der Seite auf einen Fenstergriff – ein scheinbar unerhebliches Missgeschick. Doch einige Zeit später bemerkt er einen merkwürdigen Geschmack im Mund und Schmerzen in der linken Magengegend. Ab diesem Zeitpunkt verschlechtert sich seine Verfassung zusehends. Endlich konsultiert er einen Arzt. Dieser ignoriert wie selbstverständlich die Frage des Patienten nach der Gefährlichkeit seines Zustands – stattdessen fragt er sich, ob die Beschwerden nun Symptome einer Wanderniere, eines chronischen Katarrhs oder doch eher einer Blinddarmentzündung sein könnten. Iwan Iljitsch ist zutiefst beunruhigt. Im Gegensatz zum Arzt, zu seiner Frau und den anderen Familienmitgliedern, die sich mit Lügen bezüglich seiner möglichen Genesung gegenseitig zu übertrumpfen scheinen, dämmert ihm schließlich: »Es handelt sich weder um die Niere noch um den Blinddarm, sondern um Leben ... und Tod.«

Und damit setzt die Irritation ein:

In der Tiefe seiner Seele wusste Iwan Iljitsch, dass er sterben müsse, aber er hatte sich nicht nur nicht an diesen

Gedanken gewöhnt, sondern begriff ihn einfach nicht und konnte ihn nicht begreifen.

Jener bekannte Syllogismus, den er in der Logik Kiesewetters gelernt hatte: Cajus ist ein Mensch, alle Menschen sind sterblich, also ist auch Cajus sterblich –, war ihm sein ganzes Leben lang sehr richtig in Bezug auf Cajus erschienen, in keinem Falle aber in Bezug auf sich selber ...

»Wenn ich sterben müsste wie Cajus, so würde ich es doch irgendwie wissen. Es kann nicht sein, und es ist doch wahr. Wie ist das möglich, wie soll ich das nur verstehen?«

Und er konnte es nicht verstehen und bemühte sich, den Gedanken als verkehrt, irrig, krankhaft zu verjagen und ihn durch andere, richtige, gesunde Gedanken zu verdrängen. Aber dieser Gedanke war eben nicht Gedanke, sondern war Wirklichkeit und kam immer wieder und blieb bei ihm.

Jedes Mal, wenn Iwan Iljitsch ärztlich untersucht wird, verdrängt die Rede des Arztes von der Niere und vom Blinddarm, die nicht so funktionieren wie sie funktionieren sollten, jenen unbegreiflichen Gedanken. Aber genau dieser erscheint Iwan Iljitsch als der einzig wirklich wichtige. Zwischen Hoffnung und Verzweiflung kämpft er darum, seinen nahenden Tod irgendwie in den Griff zu bekommen. Immer wieder versucht er, Trost in der medizinischen Kompetenz zu finden:

(D)er Doktor braucht nur hinzuknien und sich über ihn zu beugen, ihn oben und unten zu behorchen und mit bedeutender Miene allerlei gymnastische Übungen an ihm zu machen, und Iwan Iljitsch lässt sich von alledem ebenso betören, wie er sich früher von den Reden der Advokaten betören ließ ...

Und immer wieder hadert er mit seinem Schicksal:

»Es ist wahr, dass ich hier bei dieser Gardine, wie beim Sturm auf eine Festung, mein Leben verloren habe! Ist so etwas möglich? Wie furchtbar und wie dumm! Es kann nicht sein, es ist nicht möglich, und es ist doch wahr.«

Gegen Ende der Erzählung gewinnt Iwan Iljitsch zwar einige Erkenntnisse über den Sinn und Unsinn seines Lebens, nicht aber über die Bedeutung seines Todes. Ihm ist bewusst, dass er degeneriert, immer schwächer wird, an Gewicht und Muskelkraft verliert. Er sieht ein, dass er im Sterben begriffen ist und dass sein biologischer Tod näher rückt. Er versteht, dass sein Herz bald stillstehen wird, weil er wie jeder Mensch (und wie Cajus in Kiesewetters Logik) sterblich ist. Was er nicht versteht, ist die Tatsache, dass »Ich« sterben wird – dass dieser Tod *sein* Tod sein wird. Die Aussicht, dass ihn bald der biologische Tod ereilen wird, irritiert ihn also deshalb, weil das heißt, dass er bald auch in metaphysischem Sinne tot sein wird.

Was den (metaphysischen) Tod für Iwan Iljitsch so unbegreiflich und auch so schrecklich macht, ist der Ausblick auf das absolute Nichts. Wenn ein Arzt ihm eine Vollnarkose gegeben hätte, um ihn am Blinddarm zu operieren, wäre er zwar auch in ein Nichts gefallen. Aber dieses Nichts wäre nur ein vorübergehendes Nichts gewesen (vorausgesetzt, er wäre wieder aus der Narkose erwacht). Das vorübergehende Nichts kennen wir alle, weil wir alle wissen, was traumloser Schlaf ist. Das Nichts, dem wir nachts begegnen, hinterlässt Lücken in unserem Leben, auf die wir zurückblicken, in die wir aber keine Einsicht haben. Im Falle unseres Todes haben wir dagegen nicht mehr die Möglichkeit zurückzublicken. Hier haben wir es mit einem endgültigen, zeitlosen Nichts zu tun, das weder Rückschau noch Vorschau erlaubt.

Wenn wir sagen: »Man lebt nur einmal« oder: »Man ist nur einmal jung« oder: »Diese Chance hat man nur einmal im Leben – die kommt nie wieder«, sind wir uns über die Tragweite dieser Worte nicht wirklich im Klaren. Wenn wir uns überlegen, dass wir nie wieder zwanzig sein und nie wieder den gelben Käfer besitzen werden, den wir Ende der achtziger Jahre besaßen, werden wir vielleicht etwas melancholisch. Tatsächlich sind die »Nie-mehr-Wieders« unserer Jugend und unseres gelben Käfers nur ein winziger Vorgeschmack auf das, was mit unserem Tod auf uns zukommt: das Nie-mehr-Wieder unseres ganzen Lebens. Eben dieses furchtbare, weil absolut endgültige Nie-mehr-Wieder macht es Iwan Iljitsch so schwer, etwas anderes als Irritation mit der Vorstellung des Nichts zu verbinden.

Vom Standpunkt der Vernunft aus betrachtet ist es unsinnig, den biologischen Tod zu fürchten, weil er eine Tatsache ist, die uns alle betrifft. Egal ob wir alt sterben, jung oder – so wie Iwan Iljitsch – in der Mitte des Lebens sterben, wir können dieser Tatsache nicht ausweichen. Aber was ist mit dem metaphysischen Tod? Macht es Sinn, Angst vor einem Ereignis zu haben, das alles, was für uns bisher unsere »Welt«, unser Horizont war, verschwinden machen wird? Es würde Sinn machen, wenn wir wüssten, dass der Tod tatsächlich ein Übel ist, das uns mit Sicherheit treffen wird. Das wissen wir aber nicht. Außerdem: Selbst wenn der Tod wirklich ein Übel wäre, würden wir dieses Übel ja erst erleiden, nachdem wir gestorben sind. Doch nachdem wir gestorben sind, können wir gar kein Übel mehr erleiden: Wir sind ja dann nicht mehr. Statt uns »ist« dann nichts. Es ist also auch unsinnig, den Tod in metaphysischem Sinne zu fürchten. Dagegen ist es keineswegs unsinnig, angesichts des Todes irritiert zu sein – wenn der Tod das absolute, unbegreifliche Nichts ist.

Nun gibt es natürlich eine Möglichkeit, Angst und Irritation gegenüber dem Tod zu vermeiden: den Glauben. Der

Gläubige braucht sich nicht den Kopf darüber zu zerbrechen, was sein Ableben für ihn bedeuten wird. Er muss sich nicht vor dem Nichts ängstigen, weil es dieses Nichts für ihn gar nicht gibt. Er ist zu hundert Prozent gewiss, dass es ein Jenseits des Todes gibt. An die Stelle des absoluten Nichts tritt die absolute Gewissheit, in den Himmel zu kommen, erlöst oder wiedergeboren zu werden oder jedenfalls an einen Ort zu gelangen, wo es einen ewig währenden Neuanfang gibt. Ein Philosoph, der solche Überzeugungen durch logische Argumente in Zweifel ziehen wollte, würde sich lächerlich machen. Denn Glaube und Logik haben nicht viel miteinander zu tun. Natürlich kann auch ein Philosoph ein Gläubiger sein – das ändert aber nichts daran, dass die Wahrheit des Glaubens und die der Philosophie letztlich auf verschiedenen Ebenen angesiedelt sind. Einen Ungläubigen oder am Glauben Zweifelnden durch logische Argumentation zu bekehren, ist äußerst schwierig.

Iwan Iljitsch kann nicht glauben. Daran ändert auch seine Todesnähe nichts. Seine Angst vor dem Furchtbaren bleibt – bis er plötzlich ein Licht sieht, das ihm die Angst nimmt. Ob es sich bei diesem Licht um eine Halluzination oder ein göttliches Zeichen handelt, erfahren wir nicht.

Iwan Iljitschs Todeskampf dauert zwei Stunden. Er ist nicht allein, als er stirbt. Ein paar Menschen wachen bis zuletzt an seinem Bett. Vielleicht bedauern sie ihn, vielleicht sind sie einfach nur froh, dass sie es nicht sind, sondern er, der *jetzt* dieses Leben verlassen muss. Tolstoi gibt uns darüber keine Auskunft. Solange Iwan Iljitsch im Sterben liegt, werden ihn die Umstehenden jedenfalls nicht verlassen. Aber er wird *sie* verlassen, wenn der Sterbeprozess beendet ist. Sobald er tot ist, ist er von allen und allem getrennt, weil mit seinem Tod der Lebenshorizont, der seine ganze Welt umfasste – seine Familie, Verwandten, Freunde, Bekannten, Kollegen, Ärzte, seine Wohnung, seine berufliche Stellung, seine Hoffnung, seine Verzweiflung, seine ganze Vergangenheit und Zukunft –, aufhört zu existieren.

Wir machen einen Fehler, wenn wir den Gedanken an unseren Tod einfach ausblenden, weil wir meinen, er passe *jetzt noch nicht* ins Konzept, bringe nichts, störe uns in der Erledigung unserer wichtigen Angelegenheiten. Wie viele dieser wichtigen Angelegenheiten sind denn wirklich wichtig?

Wenn die Kunst des Irrens darin besteht, sich aus der Sicherheit versprechenden Komfortzone hinauszuwagen und Grenzsituationen ins Auge zu sehen, gehört die Auseinandersetzung mit dem Tod unbedingt dazu. Der Tod ist die uneinsehbare Grenze unseres Lebens. Er ist ein Respekt gebietendes Geheimnis, das uns aufruft, unser Leben nicht leichtfertig zu vergeuden. Lassen wir es zu, uns von diesem Geheimnis irritieren zu lassen. Genau jetzt. Machen wir uns klar: Jeder Augenblick ist einzigartig und unwiederbringlich, jeder einzelne Moment ist eine Chance, unser Leben bewusst zu leben. Damit sollten wir nicht warten, bis wir alt sind – was auch immer wir unter »alt« verstehen wollen.

Philosophisches Gedankenexperiment: Früher oder später?

John, Simone und Pedro treffen sich manchmal zu einem Plausch in einer Madrider Tapas-Bar. John ist fünfundzwanzig. Er ist enorm ehrgeizig, er will es in der Finanzbranche bis ganz nach oben schaffen. Er besitzt drei Handys, damit er jederzeit und überall erreichbar ist. John nimmt kaum an der Unterhaltung mit seinen Freunden teil, weil er ständig auf neue Anrufe wartet, die ihm wichtige Informationen verschaffen könnten. Sein Ziel ist es, in zwei Jahren seine erste Million auf dem Konto zu haben. Er lebt nur für die Zukunft.

Simone ist vierzig. Obwohl sie noch nicht einmal die Lebensmitte erreicht hat, stellt sie keine großen Erwartungen an das, was noch kommen wird. Sie hasst es, zu planen. Die einzige Regelmäßigkeit in ihrem Leben sind ihre Yoga- und Meditationsstunden. Simone lebt ganz in der Gegenwart – im Hier und Jetzt. Pedro ist achtzig. Er liebt es, Simone von seinen früheren Erfolgen zu erzählen, von den Auszeichnungen, die er gewonnen, von den Frauen, die er gehabt hat, von der beruflichen Anerkennung, die ihm – einem ehemaligen Militärarzt – zuteil wurde. Was er nächste Woche oder nächsten Monat tun wird, interessiert ihn wenig. Er lebt in der Vergangenheit.

An John, Simone und Pedro sehen wir, wie unterschiedlich unsere Perspektiven auf die Zeit sein können, je nachdem in welcher Lebensphase wir uns befinden. In bestimmten Fällen machen wir allerdings auch die Erfahrung, dass uns Gegenwart und Zukunft weit mehr interessieren als die Vergangenheit – ganz gleich, wie alt oder jung wir sind. Denken Sie zum Beispiel an durch Liebeskummer verursachte seelische Schmerzen oder an körperliche Schmerzen, die einem chirurgischen Eingriff folgen. Ihnen wäre es ganz sicher lieber, diese Schmerzen lägen hinter Ihnen statt vor Ihnen. Und dann stellen Sie sich umgekehrt ein großartiges Erlebnis vor, mit dem Sie ausschließlich positive Gefühle verbinden. Sicher möchten Sie, dass Sie dieses Erlebnis jetzt haben oder dass es in naher Zukunft auf Sie wartet. Es würde Sie viel weniger erfreuen, wenn es schon vergangen wäre.

Ist es nicht seltsam, dass Sie Angst und Vorfreude nur jetzt oder in Bezug auf die Zukunft empfinden – nicht aber bezüglich der Vergangenheit? Schließlich sind Sie gestern, heute und morgen ein und dieselbe Person. Es ist nicht so, dass Sie heute oder morgen *mehr* Sie wären als gestern. Ihr Personsein erstreckt sich über alle Zeiten Ihrer Lebensdauer. Wenn Sie also Ihr ganzes Leben lang *Sie* sind, müsste Sie

Ihre Vergangenheit doch eigentlich genauso beschäftigen wie Ihre Zukunft. Es wäre nur logisch, wenn Sie wegen Ihrer vergangenen Schmerzen genauso bangten wie wegen derer, die Sie erst noch erleiden werden.

Aber das ist noch nicht alles. Schmerzen, die Sie jetzt erleiden, beschäftigen Sie mehr als Schmerzen, die Sie nächste Woche erleiden werden. Dies, könnte man sagen, ist dadurch zu erklären, dass die Zukunft im Gegensatz zur Gegenwart *ungewiss* ist. Wenn Sie nächste Woche einen OP-Termin bei Pedro hätten, der schlimme Schmerzen nach sich ziehen würde, könnten Sie diesen immer noch absagen. Es könnte auch sein, dass Pedro diese Woche noch stirbt. Selbst dann würden Sie gar nicht erst in die Lage kommen, Schmerzen zu empfinden – zumindest vorerst nicht. Aber würde Sie nur das interessieren, was vollkommen gewiss ist, müssten Sie dann nicht nur Ihre jetzigen Schmerzen stressen, sondern ebenso Ihre vergangenen? Die vergangenen Schmerzen haben Sie schließlich ganz gewiss erlitten.

Unsere zeitlichen Vorlieben – Schmerzen sollen lieber schon vergangen sein, freudige Erlebnisse lieber in der nahen Zukunft auf uns warten – sind vielleicht einfach nur Vorurteile, die sich mit einer einseitigen Bewertung verschiedener Erfahrungen verbinden. Vielleicht denken wir auch nur so bezüglich *relativ* guter oder schlechter Erfahrungen. Relativ zu einer Schachtel Pralinen erscheint ein chirurgischer Eingriff schlecht. Relativ zu einem terroristischen Angriff erscheint ein chirurgischer Eingriff gut. Ganz anders verhält es sich mit Erfahrungen, die sich zu nichts in Beziehung setzen lassen, die absolut einzigartig sind. Wenn man Ihnen sagt, ein Mensch, den Sie lieben, wäre nach Afghanistan verschleppt und ermordet worden, und Sie anschließend darüber informiert, dass es doch nicht ganz klar sei, ob dieses Ereignis schon stattgefunden hat oder wahrscheinlich noch stattfinden wird, werden Ihre zeitlichen Vorlieben gar kein Thema mehr für Sie sein. Beides werden Sie als gleich schlimm empfinden: den vergangenen und den künftigen Verlust der geliebten Person.

Die meisten Menschen haben Angst vor dem Tod – vor allem dann, wenn er schon an die Tür klopft. Ganz so weit ist es bei Ihnen vermutlich noch nicht. Aber vielleicht äußert sich bei Ihnen die Sorge, nicht mehr zu sein, auf eher indirekte Weise: Vielleicht bedauern Sie es, keine Kinder zu haben. Vielleicht werden Sie traurig, wenn Sie alte Videos von sich und Ihren Lieben betrachten. Oder Sie ertappen sich hin und wieder dabei, dass Ihnen die Vergänglichkeit allen Lebens aufs Gemüt schlägt.

Die Frage ist nun: Warum sorgen Sie sich nur um das Verlöschen Ihrer künftigen Existenz? Warum stresst Sie der Gedanke an das, was nach Ihrem Ableben (nicht) kommen wird – Ihre Nicht-Existenz –, während Sie das, was vor Ihrer Geburt (nicht) war – Ihre Nicht-Existenz –, viel weniger interessiert? Logisch betrachtet, müssten Sie eigentlich nicht nur Ihr künftiges Verschwinden betrauern, sondern ebenso Ihr vergangenes Verschwundensein. Vielleicht zählen Sie ja zu den Menschen, die in christlichem Sinne gläubig sind. Dann ist das Problem des absoluten Nichts für Sie selbstverständlich unerheblich. Wenn Sie möchten, könnten Sie aber einmal folgenden philosophischen Gedanken wagen (der Ihren Glauben natürlich keinesfalls infrage stellen will): Wenn Gott außerhalb von Raum und Zeit steht und wenn eine Schöpfung ein Ereignis ist, das innerhalb der Zeit stattfindet, scheint es rätselhaft, wie Gott die Welt erschaffen hat. Haben Sie dafür eine Erklärung – oder brauchen Sie vielleicht gar keine?

Verlassenheit, dieser Alptraum, der uns,
wie wir alle wissen, mitten in einer Masse
überfallen kann ...

HANNAH ARENDT

9 Ypbpr-Ausgang oder HDMI-Buchse? Irrsinn und Technik

Irgendwo blinkt, piept oder surrt es immer. Da wir nach allen Seiten vernetzt, verdrahtet und verkabelt sind, ist es nur eine Frage der Zeit, bis uns ein elektronisches Signal zur Reaktion auffordert. Sobald wir einen Klingelton hören, ist unsere Willenskraft lahmgelegt. Wir lassen alles stehen und liegen und greifen nach dem lärmenden Apparat, der so viele aufregende Neuigkeiten für uns bereitzuhalten verspricht. Über Funk, Fernsehen und Internet an den Rest der Welt angeschlossen zu sein, ist uns nicht nur Gewohnheit, sondern auch Notwendigkeit. Wir übertrumpfen uns gegenseitig darin, möglichst schnell möglichst viele Datenströme zu verwalten. Die Technik ist unser wichtigstes Ordnungs- und Organisationsprinzip. Zwar sagt sie uns nicht, was gut und was böse ist und wofür wir leben sollen. Sie lehrt uns keinen Sinn – aber dafür funktioniert sie. Sie funktioniert so gut, dass sie uns längst über den Kopf gewachsen ist. Wir benutzen sie, ohne ihre Mechanismen zu verstehen. Wer weiß schon aus dem Stegreif, was ein YPbPr-Ausgang ist, wozu man Koaxialkabel, Progressive Scan-Funktionen oder ein MIME-Sniffing braucht?

Nichts scheint perfekter als ein Handy der neuesten Generation. Heute scheint nicht mehr der Mensch, sondern das iPhone das Maß aller Dinge zu sein. Denn das iPhone macht in jeder Situation eine gute Figur. Dieses Gerät hat einfach alles im Blick, es braucht keinen Schlaf. Es wird nicht müde, unaufhörlich zu berechnen, zu kontrollieren, zu überwachen, zu senden, zu empfangen – und uns zuzuflüstern: Wer mich besitzt, kann seiner eigenen Unvollkommenheit Herr werden. Tatsächlich?

Überlegen wir einmal, was die zahlreichen Möglichkeiten elektronischer Kommunikation via Handy oder Laptop mit uns anstellen. Wenn wir ständig Anrufe und Mails beantworten, überall erreichbar, aber kaum mehr mit uns allein sind, geht dies auf Kosten unserer gedanklichen Tiefe. Wenn wir in ängstlicher Erwartung einer Nachricht fortlaufend auf irgendwelche Displays starren, verjagen wir jeden Anflug von Kreativität. Wenn wir mit dem Headset in der Gegend herumlaufen, sind wir aufgrund mangelnder Konzentration gezwungen, unerhebliche Halbsätze von uns zu geben, die meist mit »Du, warte mal, da kommt gerade mein Zug/ meine U-Bahn/mein Kind, kann ich dich zurückrufen?« unterbrochen werden. Vor diesem Hintergrund stellt sich die Frage: Wozu dient ein solcher Kommunikationsmodus? Nehmen wir einen Auszug aus einem Handy-Gespräch, das laut *Frankfurter Allgemeine Zeitung* 2009 in einem ICE von Frankfurt nach Nürnberg stattgefunden haben soll (zu hören war natürlich nur die Stimme des Bahnreisenden):

> »Ja, guten Tag, mein Name ist Kaiser. Ich habe gestern eine UMTS-Karte für meinen Firmenlaptop von Ihnen bekommen. Jetzt sitze ich hier im Zug und will damit arbeiten, aber ich bekomme kein Netz.«

»Ja, klar.«

»Ja, Leonardo 123.«

»Das habe ich schon versucht. Da kommt nichts.«

»Nein, die blinkt auch nicht.«

»Ja, kein Problem.«

...

»Ja, hier ist noch mal Kaiser. Ich hatte vorhin schon einmal angerufen, weil meine neue UMTS-Karte nicht funktioniert.«

»Leonardo 123, ja, genau.«

»Also ich habe die Karte jetzt mal in meinem Black-Berry ausprobiert, sie scheint tatsächlich kaputt zu sein.«

Oder lauschen wir einem anderen Reisenden, der im ICE von Kassel nach Frankfurt saß:

»Hallo, hier ist Müller.«

»Ich wollte mich noch mal melden wegen meines Vortrags.«

»Nein, wir müssen das nicht vorbereiten. Das machen wir spontan.«

»Die Mails? Die können zwei Wochen warten. Die bezahlen nichts für den Vortrag, dann können sie auch warten.«

»Was mir wichtig ist: Ich will, dass Sie mit dem Gedanken schwanger gehen.«

...

»Hallo. Ich wollte Sie nur noch mal darauf hinweisen, dass Sie mit dem Gedanken schwanger gehen.«

»Dass Sie mit dem Gedanken schwanger gehen.«

So vielfältig kompetent sich der Hightech-Mensch auch geben mag, seine sprachliche Ausdrucksfähigkeit ist meist ebenso beschränkt wie sein Lebensstil. Wenn er Anrufe oder E-Mails beantwortet, sagt er meist nichts, was nicht schon genauso oder in ähnlicher Weise gesagt worden wäre. Der, mit dem der moderne »User« korrespondiert, benutzt schließlich ein ganz ähnliches Handy, einen ähnlichen Laptop, ein ähnliches Software-Programm. Die Lebenswirklichkeiten unterscheiden sich nicht maßgeblich, sie sind gleichermaßen technisch geordnet und organisiert. Was der eine sagt oder schreibt, könnte also genauso gut vom anderen kommen – von einem ICE-Reisenden zwischen Stuttgart und München ebenso wie von einem Rucksacktouristen, der den Mekong-Fluss hinunterfährt: »War eben in einem Funkloch« / »Mein Akku streikt« / »Habe vergessen, das Update herunterzuladen« / »Hast du meinen YouTube-Link bekommen?« Wenn aber egal ist, wer was sagt, wenn die Kommunikationspartner also austauschbar sind, weil sowieso alle das Gleiche sagen, ist der Dialog kein Dialog, sondern ein auf zwei oder mehrere Rollen verteilter Monolog. Logisch ausgedrückt: Die Kommunikation im »Zeitalter der technischen Reproduzierbarkeit« ist *tautologisch*. Tautologien (von griechisch *tautón* für »dasselbe«) sind bekanntlich allein aufgrund ihrer formalen Korrektheit gültig, wie zum Beispiel die Aussage: »Ein Handy ist ein Handy.« Bei dem, was wir tautologische Kommunikation nennen können, kommt es nicht auf Inhalte an, sondern auf Gleichschaltung – auf das Eliminieren von Unterschieden in Wortwahl und Satzbau. Ziel der Kommunikation unter den Bedingungen der Technik ist, wie es scheint, *Kompatibilität*: Was der eine sagt, soll deckungsgleich mit dem sein, was der andere sagt. Wenn aber all unsere Handy- und Internetbotschaften gleich, genormt, vereinheitlicht, austauschbar, perfekt miteinander vereinbar sind, ist diese Form der Kommunikation letztlich überflüssig.

Trotzdem hören wir natürlich nicht auf zu kommunizieren. Wir telefonieren, simsen, mailen und posten unaufhörlich, nicht, weil es sinnvoll ist, sondern weil die Technik es *möglich* macht. Unsere Möglichkeiten elektronischer Kommunikation vervielfältigen sich rasant – und treiben dabei die abenteuerlichsten Blüten.

Stellen wir uns einen jungen Mann vor, Jo aus Hinterweidenthal. Nehmen wir an, Jo loggt sich regelmäßig bei Facebook ein, um die Welt über seine Befindlichkeiten auf dem Laufenden zu halten. Nehmen wir weiter an, wir sind seine »Freunde«, die seine Äußerungen ebenso regelmäßig kommentieren. Eines Tages lesen wir auf seiner virtuellen »Pinnwand«, dass Jo bei einem Autounfall ums Leben gekommen sei (da Jo tot ist, muss sich ein anderer im Namen des Toten eingeloggt und die Nachricht veröffentlicht haben). Dies ist ein Szenario, das die Möglichkeiten des sozialen Netzwerkens – bei dem die Kommunikation weitgehend auf die Alternativen »Kommentieren« oder »Gefällt mir« hinausläuft – *ad absurdum* führt. Natürlich könnten wir immer noch twittern: »Echt traurig, dass du nicht mehr da bist. Wir vermissen dich – R.I.P., Jo!« Diese Äußerung würde aber unter Milliarden anderer, zeitgleich gesendeter Botschaften sofort untergehen. Der einzigartige Stellenwert unserer Äußerung – Trauer über das endgültige Verschwinden unseres »Freundes« – wäre unklar.

Der reale Jo ist zwar tot – nicht aber der virtuelle. Denn als er starb, verloschen mit seiner Existenz ja nicht seine Profilseiten, Chat-Einträge, E-Mail-Konten und alle anderen Lebenszeichen, die er ins Netz stellte. Für die »User«, die nicht über seinen Tod informiert wurden, ist er also nach wie vor präsent, selbst wenn er nach Tagen, Wochen oder Monaten immer noch nichts gepostet hat. Zwar kann ihm auf Facebook auf Initiative der Angehörigen ein »Memorial«-Status zugewiesen werden. Doch was dann? Soll Jos Hinterlassenschaft auf ewig in den virtuellen Weiten treiben? Wäre für seine Passwörter vielleicht eine Extra-Gedenkseite angebracht?

Alle Unannehmlichkeiten, die der Tod im Web 2.0 mit sich bringt, regelt deathswitch.com. Dieser amerikanische Dienstleister verspricht, unser Online-Erbe ganz nach unseren individuellen Vorstellungen zu verwalten. Als Kunde von deathswitch.com sind wir auf der sicheren Seite. Sollten wir je aufhören, Nachrichten zu senden, würden wir den computerisierten Aufruf erhalten:

Lieber X,

diese E-Mail wurde Ihnen von deathswitch.com geschickt, einem Todesbenachrichtigungsservice. Bitte klicken Sie *hier* zum Beweis, dass Sie noch leben.

Laut der von Ihnen gewählten Einstellungen müssen Sie nach drei Tagen auf diesen Aufruf reagieren. Falls Sie dies nicht tun, werden Sie weitere E-Mail-Aufrufe erhalten. Nach neun weiteren unbeantworteten Aufrufen innerhalb der nächsten dreißig Tage müssen wir davon ausgehen, dass Sie nicht mehr leben. Wir werden dann die von Ihnen verfassten Post-Mortem-Botschaften an die beiden Adressaten senden, die Sie angegeben haben. Wenn Sie *hier* klicken, können Sie jederzeit die Häufigkeit unserer Aufrufe, Ihr Konto oder Ihre Post-Mortem-Botschaften ändern.

Wenn Sie diese Mail irrtümlich erhalten haben, benachrichtigen Sie Deathswitch bitte *hier*.

Mit freundlichen Grüßen

Das Management von deathswitch.com

Dieser Todesbenachrichtigungsservice ist ebenso zeitgemäß wie irrsinnig. Der Irrsinn äußert sich in dem Standardverfahren, mit dem Totes und Lebendiges kompatibel gemacht werden – als handele es sich um eine Standardkommunikation. Durch Vereinbarungen, die das Schweigen der Toten als die ihnen eigene Weise (nicht) zu reagieren festlegen, wird das Unmögliche möglich: Das ewige Schweigen passt sich an den Modus elektronischer Kommunikation an.

Technische Perfektion vereinfacht nicht nur (soziale Kontakte, Mobilität, Zugang zu Informationen), sie bringt auch viel Irrsinniges in die Welt (tautologische Kommunikation, globales postmortales Geplapper).

Wenn wir uns die Vorstufen zur Erfindung von Telefon und Walkman vergegenwärtigen, stellt sich allerdings die Frage: Was war zuerst da – die Technik oder der Irrsinn? Die Entwicklung des Telefons in der zweiten Hälfte des 19. Jahrhunderts verdanken wir der Experimentierfreude des schottischen Taubstummenlehrers und Unternehmers Alexander Graham Bell. Seine Vision:

Ich bin wie in einem Nebel ... Ich weiß, dass ich bald dort ankommen werde, wo ich hinwill, und wenn der Nebel sich verzieht, werde ich direkt vor mir Land sehen.

Thomas A. Watson, ein Elektromechaniker – und trotz seines technischen Verstandes ein Spiritist, der an Geister glaubte und Elektrizität für eine okkulte Kraft hielt –, half ihm, verschiedene Apparate zu konstruieren. Unter anderem bauten sie ein »Ohrentelefon«, das aus dem Trommelfell und den Gehörknöchelchen eines echten menschlichen Ohrs zusammengesetzt war. 1876 war es endlich so weit. In seinem Bostoner Arbeitszimmer rief Bell in einen metallenen Trichter: »Mr. Watson, kommen Sie her!« Dies war der erste Satz, der telefonisch übertragen wurde – in Bells Schlafzimmer, wo Watson gespannt in den kleinen »sprechenden Telegrafen« lauschte. Anders als Bell und Watson waren die meisten Menschen allerdings skeptisch, wozu eine solche Übertragung nützlich sein sollte, sogar dann, nachdem es erstmals gelungen war, ein Ferngespräch zu führen. Bei öffentlichen

Vorführungen etwa in seiner Werkstatt hörte das Publikum Watsons Stimme aus einem Telefon vom Typ »Großer Kasten«. Watson schrie »Was halten Sie vom Telefon?« in den Apparat und gab danach ein paar Lieder zum Besten. Diese Vorführungen waren ein großer Erfolg. Doch wie Watson in seiner Autobiografie schrieb, war das Telefon für die meisten nicht mehr als eine Belustigung, »obwohl sie das Ding in der Werkstatt sprechen gehört hatten«, wo sich Interessierte von der technischen Sensation selbst ein Bild machen sollten:

Zudem beobachtete ich die Irritation vieler Menschen, die zum ersten Mal telefonierten. Eines Tages probierte ein prominenter Anwalt den Apparat mit mir aus. Als er meine Stimme am Telefon hörte, während ich eine einfache Bemerkung machte, war er nur in der Lage, nach einem langen, peinlichen Schweigen zu antworten: »Eins, zwei, drei und weg bist du.«

Wenn wir heute unser Handy in die Hand nehmen, dann nicht mit Schrecken, sondern mit Freude. Wir verwenden keine verrückten Beschwörungsformeln mehr, um uns das, was es von sich gibt, vom Leib zu halten. Wir finden es im Gegenteil völlig normal, ständig beschallt zu werden. Ohne die akustische Untermalung von Handy und iPod fühlen wir uns zuweilen merkwürdig schutzlos. Sind also doch auch wir ein bisschen irre?

Die Entstehung des Walkman ist, wie der französische Philosoph Gilles Deleuze (1925–1995) in seinem Essay »Louis Wolfson oder das Verfahren« erklärt, eng mit der Geschichte des Amerikaners Louis Wolfson verknüpft. In den Siebzigern übte sich Wolfson, ein an Schizophrenie erkrankter Student, darin, seine Muttersprache abzutöten. Er suchte für jedes englische Wort ein verwandt klingendes französisches, deutsches, russisches oder hebräisches Wort mit einem ähnli-

chen Sinn. So wählte er zum Beispiel für »*where*« (wo) »woher«
für »*early*« (früh) »*matinaLement*« (morgens) oder »*diLigem-
ment*« (flink), für »*tired*« (müde) »KapuTT«, »eRschöpfT« oder
»eRmüdeT«. Die Muttersprache sollte also nicht einfach
*über*setzt, sondern durch eine freie klangliche Assoziation
mit einer fremden Sprache *er*setzt werden – ein quasi-poeti-
sches Verfahren. Wolfsons Kampf gegen seine Muttersprache war auch ein Kampf gegen seine Mutter. Sobald er die
durchdringende Stimme der Mutter hörte, bediente er sich
folgender Techniken: Er rief sich irgendeinen Satz in einer
Fremdsprache in Erinnerung, las ein fremdsprachiges Buch,
knirschte mit den Zähnen oder steckte zwei Finger in die
Ohren. Oder er fixierte einen an ein Kurzwellenradio ange-
schlossenen Kopfhörer am einen Ohr, während er das andere zuhielt und gleichzeitig in einem fremdsprachigen
Buch blätterte. Da Wolfson aber überall mit der englischen
Sprache konfrontiert wurde – nicht nur zu Hause von seiner
Mutter und ihrem eigenen lärmenden Radio, sondern natürlich auch auf der Straße oder im Krankenhaus, wo er behan-
delt wurde –, konstruierte er ein an ein tragbares Tonband-
gerät angeschlossenes Stethoskop mit abnehmbaren Bügeln
und verstellbarer Lautstärke, das im Gehen zu bedienen war.

Offiziell gilt der Walkman als eine Erfindung der Firma
Sony: 1979 brachte Sony seinen ersten Walkman unter dem
Namen »TPS-L2« auf den Markt. Inoffiziell, so Deleuze,
könnte man aber auch den schizophrenen Sprachstudenten
hinter dieser genialen Schöpfung vermuten:

Wenn es wahr ist, dass er diese Vorrichtung von 1976 an
entwickelt, weit vor dem Auftauchen des »Walkman«, kann
man annehmen, dass er – wie er sagt – dessen wahr-
hafter Erfinder ist und dass zum ersten Mal in der Geschichte eine schizophrene Bastelei am Ursprung eines
Apparats steht, der sich über die ganze Welt verbreiten

und seinerseits Völker und Generationen schizophrenisieren würde.

Die Funktionen von Telefon und Walkman sind letztlich ganz ähnlich. Beide dienen dazu, das, was nah ist, fernzuhalten, und das, was fern ist, nahezubringen. Bei beiden setzt sich die Klangübermittlung im Gehörgang eines Menschen fort und dringt bis zu seinem Gehirn. Wenn ständig Stimmen und musikalische Klänge auf uns einprasseln, beeinträchtigt dies unser Denken. Wir können dann nicht mehr das denken oder sagen, was wir eigentlich denken oder sagen wollen, sondern nur Bruchstücke davon. Wir neigen zu sprunghaftem Denken. Wenn wir an stetes Handyklingeln gewöhnt sind, hören wir das Klingeln oft auch dann, wenn das Gerät abgeschaltet ist. Wenn wir es für absolut notwendig erachten, ständig erreichbar zu sein, bleiben wir bei jedem Klingeln wie angewurzelt stehen. Wir kauern uns wie auf Kommando in ein lärmgeschütztes Eck, und sei es im Supermarkt neben die Kühltruhe. Und wenn wir zusätzlich zu unserem permanenten Telefonieren und Musikhören auch noch ständig online sind, sogar am Wochenende, kommt uns trotz der Vernetzung der Kontakt zu unseren Mitmenschen abhanden.

Inkohärenz, akustische Halluzinationen, Störungen der Motorik, sozialer Rückzug – all das könnten tatsächlich Symptome einer gewissen »Schizophrenisierung« (Deleuze) des Hightech-Menschen sein. Der Einfluss von Handy und Unterhaltungselektronik auf unser Denken, Fühlen und Handeln ist sicher nicht so groß, als dass wir den Bezug zur Realität verlören (wie dies bei einem Mann der Fall war, der, wie Watson in seiner Autobiografie erzählt, sich ihm gegenüber als Erfinder des kabellosen Telefons ausgab und behauptete, die Mechanismen dieses Wunderwerks steckten unter seiner Schädeldecke). Aber immerhin finden wir es normal, uns jenseits der wirklichen Wirklichkeit in zahllosen, technisch generierten Nebenrealitäten heimisch zu fühlen.

Die weltweit populärsten Parallelwelten sind die Computerspiele. Sie simulieren die Wirklichkeit nicht nur, sondern geben dem Spieler auch die Möglichkeit, die simulierte Wirklichkeit mitzugestalten. Wir Deutschen lieben Strategiespiele, bei denen man Städte aufbaut, Warenströme kanalisiert oder Truppen in Stellung bringt, und Online-Rollenspiele. Beim Online-Rollenspiel »World of Warcraft« können die beteiligten Spieler – das heißt ihre Spielfiguren – in einer pseudomittelalterlichen Umgebung mit Druiden, Magiern und Todesrittern verkehren, sich zu Gilden zusammenschließen, Schlachten schlagen, sich als Kürschner oder Schmied betätigen, in Wirtshäusern auf Partnersuche gehen und vieles mehr. In China erfreut sich das Online-Spiel »Kai Xin Nong Chang« (»Heiterer Bauernhof«) großer Beliebtheit. Die Spieler wirken als Gemüsebauern. Der Reiz des Spiels besteht darin, auf dem eigenen Hof zu ackern, zu jäten und zu ernten, das Gemüse der »Freunde« zu stehlen oder ihnen bei der Schädlingsbekämpfung zu helfen.

Mit seinen Mitspielern in virtuellen Tavernen zu bechern oder ihnen blitzschnell die digitalen Karotten abzuluchsen, ist natürlich eine weitaus aufregendere Form der Kontaktpflege als das Telefonieren. Aber Computerspiele dienen nicht nur der virtuellen Kommunikation, sie ermöglichen auch Erholung von den Strapazen des hochtechnisierten Alltags. Zum Beispiel durch die Simulation von Langsamkeit. Bei dem ab null Jahren freigegebenen Spiel »Bus-Simulator 2009« schlüpft der Spieler in die Rolle eines Busfahrers, der sein Gefährt im Schneckentempo durch eine langweilige Kleinstadt lenkt. »Ticketverkauf, Fahrzeugwartung, Durchsagen, variable Außenanzeigen, animierte Echtzeit-Anzeigen im Cockpit und vieles mehr sorgen für eine Extraportion Realismus«, so die Produktbeschreibung.

Aber: Sind solche Spiele wirklich Spiele? Ein Spiel kann man es nennen, wenn Kinder sich balgen, wenn Amateursportler Wettkämpfe austragen oder Philosophen einander gewagte Hypothesen an den Kopf werfen. Geschichtlich betrachtet hat ein Spiel mit Risiko, Wagnis und Unsicherheit zu tun. Wer spielt, übt Leben. Spielen ist ein freies, an sich völlig nutzloses Handeln, das freiwillig und mit einer unvoreingenommenen Haltung geschieht. Der niederländische Historiker Johan Huizinga (1872–1945) hebt die Kultur schaffende Funktion des Spiels hervor. In seinem Werk *Homo Ludens* weist er nach, dass ein spielerischer Umgang mit der Welt am Anfang aller kulturellen Bereiche stand: der Sprache, des Mythos, des religiösen Kults – und daraus hervorgehend des Rechts, des Handwerks, der Kunst und der Wissenschaft. Welche Kultur soll wohl das virtuelle Busfahren hervorbringen?

Hätten Bell und Watson nicht ihrem Spieltrieb nachgegeben, gäbe es keine Telefone. Hätte Wolfson das kreative Spiel mit Wörtern, Kopfhörern und Tonbändern nicht ernst genommen, hätte er nicht zufällig einen Apparat erfunden, den man »Walkman« nennen könnte.

Wir müssen uns von der Technik nicht alles gefallen lassen. Wir brauchen uns nicht »schizophrenisieren« zu lassen, indem wir willenlos elektronische Befehle ausführen oder in Schein-Realitäten Zuflucht suchen. Akzeptieren wir lieber, dass wir auch durch den Erwerb eines noch so perfekten technischen Geräts dieselben unvollkommenen Wesen bleiben, die wir sind. Als *Homines sapientes* sind wir zwar vor einem gewissen leichten Irrsinn nicht gefeit – aber dieser geht schließlich oft einher mit Kreativität. Viel mehr als der gedankenlose Gebrauch technischer Geräte und das fruchtlose Bemühen um Perfektion hilft uns eine kreative Lebenseinstellung, durch diese unübersichtliche Welt zu navigieren.

Wenn wir das Irren nicht mit einem Systemabsturz gleichsetzen, sondern als eine Kunst begreifen wollen, sollten wir einen schöpferischeren Umgang mit der Technik pflegen. Fangen wir an, sie als ein großes Spiel zu betrachten, dem wir nicht einfach tatenlos zuschauen müssen, sondern das wir – mit ein bisschen Fantasie – aktiv mitgestalten können. Zum Beispiel, indem wir selbst seine Regeln bestimmen: »Das besinnungslose Einhacken auf Tastaturen ist höchstens an fünf Tagen der Woche erlaubt.« Oder: »Der Wert simulierter Realitäten muss mindestens einmal pro Woche durch Begehung einer nicht bebauten Landschaft (= Natur) überprüft werden.« Oder: »Akustische Halluzinationen (›Phantomklingeln‹) sind durch Spielen eines Musikinstruments zu übertönen.« Wagen wir es. Es werden sich uns Wege eröffnen, die auf unseren Displays gar nicht eingezeichnet sind.

Philosophisches Gedankenexperiment: Sein oder Schein?

Eva arbeitet in Ontario als Datenanalystin. Am 26. Oktober 2090 wird sie kurz nach achtzehn Uhr auf dem Nachhauseweg von der Arbeit von einem Lastwagen überfahren. Ihr ganzer Körper wird zerquetscht, aber den Chirurgen gelingt es, ihr Gehirn zu retten. Da die Warteliste für eine geeignete Körperspende zu lang ist, schließen die Ärzte Evas Gehirn mittels Elektroden an einen Supercomputer an. Und innerhalb weniger Sekunden ist das Wunder vollbracht: Die Uhr wurde zurückgedreht. Eva findet sich in ihrem unversehrten Körper wieder. Sie sitzt wieder an ihrem Schreibtisch bei der Datenanalyse, als sei nichts geschehen. Um Punkt achtzehn Uhr klappt sie ihren Laptop zu und kauft in einem nahe gelegenen Supermarkt ein Schnitzel fürs Abendessen.

In Wirklichkeit ist Evas Körper längst entsorgt worden, und ihr Gehirn hängt immer noch irgendwo in einem Labor an einem Computer. Davon ahnt Eva aber nichts. Für sie ist es, als lebte sie weiter in der Welt, die sie immer schon kannte. Sie hat keinen Grund, an der Realität des saftigen Schnitzels zu zweifeln, das sie im Begriff ist zu verzehren.

Angenommen, der technologische Fortschritt würde irgendwann einen Computer mit einer höheren Leistung als der aller Gehirne dieser Welt hervorbringen (ein nach Meinung vieler Computerexperten durchaus realistisches Szenario). Angenommen, unsere Nachfahren könnten mit diesem Computer Simulationen ihrer Ahnen erzeugen – virtuelle Menschen mit voll entwickelten virtuellen Nervensystemen. Wenn dies möglich wäre: Wie könnten wir dann sicher sein, dass wir uns nicht in einer ähnlichen Situation wie Eva befinden? Vielleicht ist es ja schon so weit. Vielleicht schreiben wir längst das Jahr 2090 oder 10 879. Es könnte sein, dass unser Leben nur Teil eines gigantischen Computerspiels ist, dass wir nur Spielfiguren in einem computergenerierten Historienspektakel sind. Wenn diese Möglichkeit tatsächlich bestünde, hätten wir keine Chance, je herauszufinden, ob unsere Beschaffenheit nun real oder virtuell ist. Denn all unsere Erfahrungen – Schnitzelessen, Verliebtheit, Angst, Unglück – erschienen uns in jedem Fall »wirklich«.

Was, wenn Sie selbst eine solche künstliche Intelligenz wären? Und was, wenn Sie *wüssten*, dass es so wäre? Vermutlich würde es keinen großen Unterschied machen. Da Sie gezwungen wären, so – also ausschließlich virtuell – zu leben, hätten Sie ohnehin keine Alternative. Sie würden sich trotzdem ein möglichst langes und glückliches Leben wünschen, auch wenn es kein wirkliches wäre. Immerhin würde es sich ja wirklich anfühlen. Das Buch, das Sie gerade in der Hand halten, der Kaffeebecher, an dem Sie zwischendurch nippen, das Handy, das in Ihrer Hosentasche vibriert – alles würde Ihnen vollkommen echt vorkommen. Wenn Ihnen jemand auf die Schulter klopfen und behaupten würde, dass diese Echtheit nur virtuell sei, würden Sie ihn vermutlich für einen Spinner halten. Oder?

Die Welt, wie wir sie kennen, ist vielleicht tatsächlich nur das Hobby unserer Nachfahren. Während Sie gerade am Computer sitzen und in einer virtuellen Umgebung wie »Second Life« shoppen gehen, lenkt jenseits von Ihnen vielleicht einer Ihrer Nachfahren, für den Sie nur eine Spielfigur sind, Ihr Geschick. Während Sie Ihren Avatar (virtuellen Stellvertreter) durch die Gegend steuern, steuert Ihr Nachfahre Sie. Er ist natürlich nicht Ihr echter Nachfahre, da Sie ja auch nicht sein echter, sondern nur sein virtueller Vorfahr sind. Es könnte sein, dass auch dieser Nachfahre bloß ein virtuelles Wesen ist, das im Inneren eines Computers einer noch viel höheren Intelligenz sitzt. Es wäre möglich, dass auch er bloß eine Simulation ist, die von jemandem generiert wurde, der auch bloß eine Simulation ist usw.

Versuchen Sie sich den Urheber der allerersten und damit aller weiteren Simulationen vorzustellen: den Chefdesigner gewissermaßen. Wäre er (wie) Gott? Oder würde er mit seinen Schöpfungen irgendwann an eine Grenze stoßen? Wenn Sie selbst wie viele andere Menschen eine hoch entwickelte Simulation wären, würden Sie vielleicht irgendwann eine noch höhere Entwicklungsstufe erreichen, auf der Sie selbst virtuelle Welten erzeugen könnten. Dann könnte es ein logistisches Problem geben. Wenn der Chefdesigner weiterhin Billionen Einwohner einer virtuellen Welt simuliert, die ihrerseits je ihre eigenen virtuellen Welten mit Billionen von Einwohnern (pro Welt) kreieren, wird die Leistung des Supercomputers vielleicht irgendwann nicht mehr ausreichen.

Dann kann es sein, dass plötzlich, während wir gerade im Stau stehen, in einer Konferenz sitzen, Nudeln kochen oder die neue Version des »Landwirtschafts-Simulators« erwerben, alles um uns herum schwarz wird. Und dass es in riesigen Lettern zu uns herabblinkt: *»Game over«*.

Das Leben soll uns kein gegebener,
sondern ein von uns gemachter Roman sein.

NOVALIS

10 Der **Irr**tum vom geregelten Leben: Gregor Samsa und andere Verweigerer

Morgens um acht ist ein schlechter Zeitpunkt, um über das Leben zu sinnieren. Morgens um acht müssen wir erst einmal in die Gänge kommen. Wir stehen im Badezimmer, rasieren uns und denken an Kundengespräche. Oder wir sind schon im Auto und ziehen uns im Rückspiegel noch schnell die Lippen nach. Oder wir schlingen im Gehen schnell ein Brötchen hinunter, während sich uns wegen unserer anstehenden Präsentation fast der Magen umdreht. Oder wir hetzen atemlos in den Untergrund, um unsere U-Bahn zu erwischen. Wir zwängen uns zwischen die sich schließenden Türen und kämpfen uns durch die Menge, um einen freien Platz zu finden. Natürlich mit gesenktem Kopf, damit wir nicht noch mehr auffallen. Die Mitreisenden schlagen Zeitungen auf oder blicken angespannt ins Leere. Niemand beginnt ein Gespräch. Während der Fahrt herrscht vollkommene Stille. Nur die Mutigsten wagen verstohlene Blicke auf ihre Nachbarn.

Sobald wir unsere Arbeitsstätte betreten, richten wir uns auf und wechseln das Gehtempo. Wir fallen in einen mittelschnellen Rhythmus, der keinen Zweifel an unserer Professionalität lässt. Wenn uns auf dem Weg zu unserem Arbeitsplatz ein Kollege begegnet, reißen wir automatisch die Mundwinkel hoch und geben einen lockeren Spruch zum Besten. Wir kommen an. Wir fahren den PC hoch. Wir machen unseren Job. Unsere Tätigkeit lässt keinen Raum für Fragen. Mittags essen wir Linguine und keinen Nachtisch. Abends kehren wir in unser Heim zurück, um die Spuren unseres überstürzten Aufbruchs zu tilgen. Wir klauben ein feuchtes Handtuch vom Wohnzimmersessel auf und tragen es ins Bad zurück. Wir fegen ein paar Cornflakes vom Esstisch. Dann holen wir uns erst einmal ein Bier aus dem Kühlschrank. Wir fühlen uns müde und aufgekratzt zugleich. Jetzt, um sieben, acht Uhr abends, sind wir erst recht nicht mehr in der Lage, die Metaebene zu beziehen und darüber nachzudenken, was es mit diesem Leben eigentlich auf sich hat.

Arbeit ist zeitraubend – aber was täten wir ohne sie? Immerhin verleiht sie uns den Eindruck von einem geregelten Leben. Die *Regeln der Arbeit* – »Sei pünktlich«, »Sei fleißig«, »Sei ein Teamplayer« – haben allerdings mit den *Regeln des Lebens* – »Du sollst dein Leben nicht vergeuden«, »Du sollst nie die Hoffnung verlieren«, »Du sollst dich bemühen, ein guter Mensch zu sein« – nicht viel zu tun. Die vielleicht wichtigste Lebensregel: »Am Ende kommt es doch anders, als du denkst«, besagt gerade, dass das Leben nichts ist, was man bis ins Letzte regeln, planen, in Schach halten könnte. Und dass wir deshalb aufgerufen sind, die bisher bekannten Lebensregeln immer wieder neu zu interpretieren und, wo nötig, abzuändern – oder aber neu zu erfinden. Eine unbequeme Wahrheit, die wir am liebsten zu den Akten legen würden.

Versuchen wir einmal, diese Wahrheit über das Medium der Literatur zu erkunden. Sehen wir uns drei berühmte literarische Figuren an, die die Idee vom geregelten Leben als Irrtum entlarven.

In Zeiten befristeter Arbeitsverträge scheuen sich die meisten davor, aus ihrem Beruf auszubrechen. Was wäre, wenn wir es dennoch täten? Wir könnten uns nicht mehr über Kompetenzbereiche und Soft Skills definieren – wir wären Männer und Frauen ohne Eigenschaften. Die Welt stünde uns offen.
Natürlich bliebe ein Ausbruch aus dem Alltäglichen nicht folgenlos. Nehmen wir Wakefield, den Helden der gleichnamigen Erzählung des amerikanischen Schriftstellers Nathaniel Hawthorne (1804–1864). Eines Abends im Oktober nimmt Wakefield seinen Schirm und eröffnet seiner Frau, dass er mit der Nachtpostkutsche auf Reise gehen werde. Sie solle sich nicht sorgen, er werde spätestens am Freitag wieder da sein. Er gibt ihr routinemäßig einen Abschiedskuss – und schenkt ihr im Gehen ein seltsames Lächeln, an das sie noch oft zurückdenken wird. Denn Wakefield wird nicht am Freitag, sondern erst in zwanzig Jahren wieder heimkehren. Die Ironie der Geschichte besteht nun darin, dass sich Wakefield, den seine Frau weit entfernt glaubt, die ganze Zeit in ihrer unmittelbaren Nähe aufhält. Er bezieht einfach ein Appartement in einer Nebenstraße. Um nicht erkannt zu werden, besorgt er sich eine Perücke aus rötlichem Haar und schafft ein paar für ihn untypische Gewänder an. In dieser Verkleidung schleicht er um sein eigenes Haus herum. Nach zehn Jahren trifft er seine Frau, die ihren Mann natürlich längst für tot hält, zufällig auf der Straße. Im Gedränge berühren sich ihre Hände, ihre Brust drückt sich an seine Schulter, sie schauen sich in die Augen – und gehen ihrer Wege. Zwar blickt die arme Frau verwirrt zurück. Zwar stürzt Wakefield anschließend in eine emotionale Krise, die ihn über den Irrsinn seiner Lage belehrt. Aber er ist außerstande, an dieser Lage etwas zu ändern. Die Zeit vergeht,

und »immer noch fuhr er fort zu sagen: ›Bald gehe ich heim‹, ohne zu merken, dass er das seit zwanzig Jahren zu sagen pflegte«.

Genauso plötzlich wie er verschwand, kehrt Wakefield in einer Herbstnacht schließlich doch nach Hause zurück. Er öffnet die Tür mit dem gleichen schelmischen Lächeln, mit dem er sie vor langer Zeit schloss. Was dann passiert, bleibt der Fantasie des Lesers überlassen.

Die Frage ist natürlich: Warum geht Wakefield weg? Er hat keine Freundin, er ist kein Bigamist und hat auch keine Bank ausgeraubt, weswegen er das Weite suchen müsste. Er scheint keinen Plan zu haben, als er das Haus verlässt. Anfänglich möchte er seiner Frau vielleicht nur einen kleinen Streich spielen. Dann erscheint ihm die ganze Situation doch eher merkwürdig, und er möchte am liebsten sofort wieder nach Hause. Aber er überlegt es sich anders. Er ist neugierig, wie sich seine Frau während seiner Abwesenheit verhalten wird. Er widersteht der Gewohnheit, seine Schritte vor die eigene Haustür zu lenken. Stattdessen beobachtet er sein Heim aus nächster Nähe – und stellt verblüfft fest, wie verändert ihm das so Vertraute auf einmal erscheint. So fremd, wie sich ihm sein Zuhause zeigt, so fremd wird er sich selbst. Zwar wünscht er sich sein altes Leben zurück, aber zur Rückkehr fehlt ihm die nötige Entschlusskraft. Am Ende ist nicht mehr klar, ob der Weggang Wakefields freie Entscheidung oder sein Schicksal war. Und es ist völlig rätselhaft, warum er nach so langer Zeit – von einem Tag auf den anderen – seine »Reise« beendet.

Diese Geschichte beruht auf einer wahren Begebenheit, die Hawthorne 1819 in William Kings *Political and Literary Anecdotes of his Own Times* las. Ein Londoner namens Howe informierte eines Morgens seine Frau, dass er geschäftlich verreisen werde. Die sogenannte Geschäftsreise dauerte dann siebzehn Jahre. Howe änderte seinen Namen, setzte eine schwarze Perücke auf und nahm sich ein Zimmer in einem anderen Stadtviertel. Zehn Jahre später machte er sich mit dem Nachbarn seiner Frau bekannt und ließ sich von ihm ein-, zweimal die Woche zum Essen einladen, damit er die Ahnungslose durchs Fenster beobachten konnte. Als die siebzehn Jahre um waren, kehrte er zurück, als sei nichts gewesen. Niemand erfuhr je, warum er sich so lange geweigert hatte, sein bisheriges Leben weiterzuführen.

Kann ein Mensch, der einen solchen Ausbruch gewagt hat, jemals wieder der Alte werden? Hawthorne:

Im scheinbaren Wirrwarr unserer geheimnisvollen Welt ist der Einzelne einem System und ebenso jedes System allen anderen Systemen und einem Ganzen so genau angepasst, dass der Mensch, der auch nur für einen Augenblick den Bannkreis dieser Ordnung übertritt, aufs Schrecklichste Gefahr läuft, seinen Platz für immer zu verlieren. Wie Wakefield könnte er gleichsam zum Auswurf des Weltalls werden.

Kein Wunder also, dass wir uns scheuen, auszubrechen. Nie würden wir uns weigern, von einer Geschäftsreise nicht mehr zurückzukehren. Dennoch sind wir dem *Gedanken* daran nicht abgeneigt: Einmal, nur ein einziges Mal mit den Regeln der Arbeit brechen! Warum nur für einen Tag, warum nicht gleich für zwanzig Jahre?

Aber die Realität ist eine andere. In unserer Realität ist es nicht vorgesehen, das System infrage zu stellen. An eben diesem Umstand übt der von Hawthorne beeinflusste amerikanische Autor Herman Melville (1819–1891) mit seiner Erzählung *Bartleby, der Schreiber* eine herbe Kritik. *Bartleby* ist eine Warnung an alle, die zu sehr auf die Regeln der Arbeit fixiert sind – so wie anfangs der Ich-Erzähler der Geschichte, ein New Yorker Notar, der der Maxime folgt: »Der einfachste

Weg ist der beste.« Um seine zwei exzentrischen, aber doch arbeitswilligen Gehilfen – Turkey und Nippers – zu entlasten, engagiert er den jungen Kopisten Bartleby. Aus praktischen Gründen isoliert er den Neuen in einer Ecke neben der Flügeltür, hinter der sich der Bereich der anderen Angestellten befindet, zwischen einem kleinen Fenster, vor dem nichts als eine Backsteinmauer zu sehen ist, und einem Wandschirm. Der Schreibtisch des Notars steht gleich neben dem Wandschirm, so dass Bartleby von seinem Chef Anweisungen erhalten kann, ohne sich ihm zeigen zu müssen. Zunächst ist Bartleby sehr fleißig. Schweigsam und mechanisch kopiert er Tag und Nacht ungeheure Mengen von Schriften – bis er einmal mit ebenso sanfter wie fester Stimme auf den Ruf des Notars erwidert: »Ich möchte lieber nicht.« *(»I would prefer not to.«)*

Fortan wird dies Bartlebys Standardantwort, seine magische Formel. Wann immer ihn der Notar um etwas bittet, verweigert er sich: Er möchte lieber nicht die Abschriften der Gehilfen durchsehen, lieber nicht zur Post gehen, lieber nicht kopieren und schließlich auch lieber nicht entlassen werden. Anders als Turkey und Nippers ist Bartleby weder launisch noch reizbar. Er ist weder dies noch jenes, ein unvergleichliches Original, eine Kuriosität sondergleichen. Ein Kopist, der lieber nicht kopieren würde! Der Notar schwankt zwischen Verblüffung und Wut, Angst und Mitleid, Ratlosigkeit und Hilfsbereitschaft. Immer wieder versucht er, die Situation durch vernünftiges Durchdenken in den Griff zu bekommen, immer wieder entgleitet sie ihm. Er will partout einen Zugang zu seinem Angestellten bekommen, ihn überreden, die Regeln der Arbeit zu respektieren, fleißig und teamfähig zu sein. Stattdessen muss er feststellen, wie Bartlebys »möchte lieber« um sich greift, wie sich diese Formulierung zwischen seine eigenen Worte – und die seiner Gehilfen – gleichsam hineinkopiert:

Irgendwie war ich neuerdings in die Angewohnheit verfallen, bei jeder nicht ganz passenden Gelegenheit unwillkürlich den Ausdruck »möchte lieber« zu gebrauchen. Und ich zitterte bei dem Gedanken, mein Kontakt mit dem Schreiber habe mich in geistiger Hinsicht bereits ernstlich angesteckt. Und was für eine weitere und tiefere Verwirrung mochte er nicht noch bewirken?

Nachdem klar ist, dass Bartleby nicht mehr als Kopist eingesetzt werden kann, will der Notar ihm helfen, seine Berufswahl zu überdenken. Aber alles, was er zu hören bekommt, sind Umschreibungen der aus dem Kontext gerissenen, unverständlichen, quasi-fremdsprachlichen magischen Formel:

»Möchten Sie gern eine Stellung als Verkäufer in einem Textilwarengeschäft?«

»Damit ist zu viel Einengung verbunden. Nein, ich möchte keine Stellung als Verkäufer; aber ich bin nicht wählerisch.«

»Zu viel Einengung«, rief ich, »aber Sie engen sich doch selbst dauernd ein!«

...

»Wie wäre es denn, als Gesellschafter nach Europa zu fahren, um einen jungen Herrn mit Ihrem Gespräch zu unterhalten? Wie würde Ihnen das gefallen?«

»Ganz und gar nicht. Es kommt mir nicht so vor, dass es dabei etwas Festgelegtes gibt. Ich bin gern sesshaft. Aber ich bin nicht wählerisch.«

Je aktiver sich der Notar bemüht, Bartleby aus der Reserve zu locken, desto mehr zieht sich der Schreiber in sich selbst zurück. Anstatt zu arbeiten, steht er schweigend am Fenster und starrt auf die gegenüberliegende Mauer. Das Büro verlässt er überhaupt nicht mehr. Er möchte sich lieber nicht bewegen, so dass er am Ende gewaltsam aus der Kanzlei entfernt werden und als Landstreicher ins Gefängnis gebracht werden muss – wo er es vorzieht, zu verhungern.

Wie oft, wenn wir uns morgens ins Bad schleppen, für drei Tage in die Schweiz fliegen oder schon wieder Überstunden machen müssen, denken wir: Ich möchte lieber nicht? Obwohl ein klein wenig von Bartlebys passiver Aggression wohl auch in uns steckt, haben wir doch viel mehr mit dem Ich-Erzähler der Geschichte gemein. Wir sind wie er so sehr auf Einhaltung der Regeln der Pünktlichkeit, des Fleißes und der Teamfähigkeit bedacht, dass wir allem, was diese Regeln außer Kraft setzt, fassungslos gegenüberstehen. Bartleby hält uns den Spiegel vor: Er konfrontiert uns mit unserer eigenen selbst gewählten Einengung – aber auch mit unserer Freiheit. Ist frei *von* dem zu sein, was wir lieber nicht tun möchten, nicht der erste Schritt, um *frei* für das zu sein, was wir wirklich wollen? Das Bartleby-Phänomen ist lästig nur für den, der, wie Melvilles Notar es nennt, der »Doktrin der Voraussetzungen« folgt. Nur wer voraussetzt, dass das Leben vorhersagbar, verständlich und geregelt (wie die Arbeit) ist, stört sich an den Überraschungen, die es für uns bereithält. Für alle anderen kann Bartlebys »Ich möchte lieber nicht« ganz neue Perspektiven erschließen.

Bartleby zieht es vor, nicht mehr mitzumachen, aus dem System auszubrechen. Er präferiert es, seinen Platz in der Welt für immer zu verlieren. Dass er am Ende bekommt, was er will, macht ihn letztlich zu einer wenig bedauernswerten Figur. Bedauerlich ist nur, dass wir uns so schwer tun, seine Botschaft zu verstehen.

Auch Gregor Samsa ist ein Angestellter, der seine Umwelt in Aufruhr versetzt. Gregor, der Held aus der Erzählung *Die Verwandlung* des Prager Schriftstellers Franz Kafka (1883–1924), ist, anders als Bartleby, extrem pflichtbewusst und gewissenhaft. Er arbeitet als Handlungsreisender für Tuchwaren, oder besser: Er arbeitete in diesem Beruf. Denn gleich zu Beginn der Geschichte stößt Gregor etwas völlig Unvorhersehbares zu:

> Als Gregor Samsa eines Morgens aus unruhigen Träumen erwachte, fand er sich in seinem Bett zu einem ungeheueren Ungeziefer verwandelt. Er lag auf seinem panzerartig harten Rücken und sah, wenn er den Kopf ein wenig hob, seinen gewölbten, braunen, von bogenförmigen Versteifungen geteilten Bauch, auf dessen Höhe sich die Bettdecke, zum gänzlichen Niedergleiten bereit, kaum noch erhalten konnte. Seine vielen, im Vergleich zu seinem sonstigen Umfang kläglich dünnen Beine flimmerten ihm hilflos vor den Augen.

Kafka schildert diese Metamorphose wie ein völlig reales Ereignis. Aber das ist sie natürlich nicht. Kein Mensch hat sich je in einen Käfer verwandelt. Oder? Betrachten wir die Sache einmal philosophisch: Nur weil jahrtausendelang auf Nacht Tag folgte, muss dies nicht auch in Zukunft geschehen. Nur weil wir jahrzehntelang als dieselben aufwachten, als die wir zu Bett gingen, muss dies nicht auch morgen der Fall sein. Wir müssen die *Gesetzmäßigkeit* unserer Beobachtungen erst einmal beweisen. Dies können wir versuchen, indem wir alle Prager Arbeitnehmer in ihren Betten überwachen und für jeden Einzelnen festhalten: »*Dieser* Mensch hat je zwei Arme und Beine, und er hat diese sowohl morgens als auch abends.« Daraus könnten wir folgern: »*Alle* Menschen, die je zwei Arme und Beine haben, haben diese sowohl morgens als auch abends.« Ein solcher Schluss wäre aber unvollständig. Wir bräuchten zusätzlich noch ein *Induktionsprinzip*, das besagt, dass Regelmäßigkeiten, die in der Vergangenheit an endlich vielen Dingen beobachtet wurden, auch in Zukunft für weitere Dinge gelten. Dieses Prinzip aber bedürfte wiederum einer Rechtfertigung, die weiterer Beobachtungen und Induktionen bedürfte usw.

Kafka pfeift auf Induktionsprinzipien und Naturgesetze aller Art. In seinem Universum sind die Gesetze, mit denen wir normalerweise die Welt zu strukturieren versuchen, außer Kraft gesetzt. An ihre Stelle treten andere, fremde Gesetze, die das Leben eines Menschen ohne Vorankündigung auf den Kopf stellen. Auch Gregor scheint der Macht eines solchen unerklärlichen Gesetzes ausgeliefert. Anfangs ist er noch unsicher, ob es sich bei seinem Zustand tatsächlich um eine Verwandlung handelt – oder bloß um eine durch beruflichen Stress bedingte momentane Verwirrung. Zu Beginn der Erzählung ist seine einzige Sorge, dass er nicht mehr rechtzeitig den Bahnhof erreichen könnte, da er Schwierigkeiten hat, seinen großen, ungewohnten Insektenkörper aus dem Bett hinauszumanövrieren. Seine Angst ist begründet: Schon um Viertel nach sieben sucht der Prokurist der Firma, für die Gregor arbeitet, die Wohnung auf, in der Gregor mit seinen Eltern und seiner Schwester lebt, um sich nach dem Verbleib des Angestellten zu erkundigen. Er droht dem hinter der verschlossenen Schlafzimmertür Bangenden, der die Regel der Pünktlichkeit brach, mit Entlassung. Gregor versucht sich lautstark zu verteidigen – und nun wird allen, die sich vor seinem Zimmer versammelt haben, sehr deutlich, dass hier etwas nicht stimmt: »›Das war eine Tierstimme‹, sagte der Prokurist, auffallend leise gegenüber dem Schreien der Mutter.«

Gregor gelingt es, sich von innen an der Tür aufzurichten und mit dem Mund das Türschloss zu öffnen. Er krabbelt dem in Panik zurückweichenden Prokuristen nach, um ihn aufzuhalten und ihn zu überreden, seine derzeitige Arbeitsunfähigkeit zu entschuldigen. Vergeblich. Der Prokurist flieht, Gregor und seine erschrockenen, hilflosen Familienmitglieder, die gerade noch friedlich beim Frühstück saßen, bleiben allein in der Wohnung zurück.

Der Vater ist wütend, Mutter und Schwester sind traurig und verzweifelt. Aber keiner von ihnen fragt nach der Ursache von Gregors Verwandlung. Gregor, der mit seiner Arbeit die ganze Familie ernährte, ist jetzt nur noch eine Belastung, ein Schädling, der sein Zimmer nicht mehr verlassen darf. Zwar lebt er sich mit der Zeit in sein Tier-Sein ein: Er entdeckt, dass er sich unter dem Kanapee wohler fühlt als auf dem unbedachten Boden seines hohen »Menschenzimmers«, dass er den alten Käse, den seine Schwester ihm hinlegt, frischen Speisen vorzieht, dass es ihn zerstreut, über die Wände zu kriechen und von der Decke herabzuhängen. Trotzdem bleibt sein früheres Selbst unter dem Chitin erhalten: Das Insekt denkt und fühlt wie ein Mensch. Seine Menschlichkeit zeigt sich in der Rücksichtnahme, mit der es sich unter dem Leintuch vergräbt, wenn die Schwester ängstlich ins Zimmer tritt, und in der Sorge um die Finanzen seiner Familie. Da seine Augen immer schlechter werden, nicht aber sein Gehör, verbringt Gregor Stunden damit, an der Tür zu kleben und die Gespräche von Eltern und Schwester zu belauschen – und so zumindest indirekt am Familienleben teilzunehmen, was ihm nun versagt wird.

Monate vergehen, aber die Lage wird nicht besser, sondern schlimmer. Die Schwester, die jetzt wie die Eltern arbeiten gehen muss, um die finanzielle Lage aufzubessern, hat keine Zeit mehr, sich um Gregor zu kümmern, wirft ihm bloß schnell etwas Essbares hin. Als die Familie einen Raum der Wohnung untervermietet, wird Gregors Zimmer zur Rumpelkammer umfunktioniert. Gregor selbst verwahrlost immer mehr. Er schleppt Staub und Speisereste auf seinem Rücken herum und entwickelt gegen alles eine große Gleichgültigkeit. Die einzige »Nahrung«, die er noch gerne zu sich nimmt, ist das Violinspiel der Schwester. Eines Tages wirft er seine Rücksicht endgültig über Bord und wagt sich in das Zimmer der Untermieter, um dem Geigenspiel der Schwester aus nächster Nähe zuzuhören. Als Gregor entdeckt wird, ist das Maß voll. Die Untermieter kündigen, und die Familienmitglieder geben endgültig die Hoffnung auf, dass Gregor wieder der Alte werden könnte:

»Wenn er uns verstünde«, wiederholte der Vater, »dann wäre vielleicht ein Übereinkommen mit ihm möglich. Aber so ...«

»Weg muss er«, rief die Schwester, »das ist das einzige Mittel, Vater. Du musst bloß den Gedanken loszuwerden suchen, dass es Gregor ist. Dass wir es so lange geglaubt haben, das ist ja unser eigentliches Unglück.«

Gregor zieht sich in sein Zimmer zurück, wo er in der Morgendämmerung völlig entkräftet stirbt.

Die Konsequenzen von Gregors Verwandlung sind noch grausamer als die Verwandlung selbst. Die ganze Geschichte gleicht einem Alptraum. Aber selbst wenn wir davon ausgehen, dass sich etwas derart Schreckliches und Rätselhaftes nur in einem Traum ereignen könnte, bleibt die nagende Frage, *warum* das alles geschehen musste. Über die Bedeutung seiner Erzählung befragt, sagte Kafka:

Der Traum enthüllt die Wirklichkeit, hinter der die Vorstellung zurückbleibt.

Dass irgendeine höhere Macht einen Menschen in ein Tier verwandeln könnte, erscheint uns unvorstellbar. Genauso wenig können wir uns vorstellen, dass ein Mensch – ob er nun Gregor, Katja oder Wolf-Dieter heißt – auf welche Weise auch immer *selbst* eine solche Verwandlung herbeiführen könnte. Warum sollte er das tun?

Vergegenwärtigen wir uns noch einmal Gregors Situation. Er bemerkt die Verwandlung fast zur gleichen Zeit, wie er feststellt, dass er verschlafen hat. Ein Angestellter, der verschläft, versäumt es, pünktlich zur Arbeit zu kommen. Ein Angestellter, der sich in ein Ungeziefer verwandelt hat, kann überhaupt nicht mehr arbeiten. Er braucht keine Aufgaben mehr erfüllen, nicht mehr pünktlich und fleißig sein, um seine Familie versorgen zu können. Er muss sich nicht mehr als Teamplayer beweisen. So gesehen ist die Verwandlung doch auch ein Ausweg aus einer anscheinend ausweglosen Situation. Denn ironischerweise bewirkt die Verwandlung, was Gregor in seinem Menschenleben nie gewagt hätte: sich aus den Zwängen des Systems zu befreien, sich dem Geschäft, dem Prokuristen und einer Welt, in der alles nur Pflicht ist, zu verweigern.

Gregors Geschichte versetzt uns nicht nur an die Grenzen unseres Vorstellungsvermögens, sondern auch unseres Wohlbefindens. Die Lektüre der *Verwandlung* ist eine hervorragende Übung, um uns mit unserer eigenen Angst vor der Verweigerung, dem Scheitern, dem Systemabsturz auseinanderzusetzen – vor allem, was uns den Boden unter den Füßen wegziehen könnte. Denn so sehr wir es auch glauben möchten: Es gibt kein ein für alle Mal geregeltes Leben. Nur mehr oder weniger geglückte Regelungsversuche. Nur eine Lebensregel, die besagt: »Am Ende kommt es doch anders, als du denkst.« Im Positiven wie im Negativen. Und das ist auch gut so. Denn wenn das Leben nicht immer wieder die größten Überraschungen für uns bereithielte, wäre es dann noch Leben?

Philosophisches Gedankenexperiment:
Traum oder Wirklichkeit?

In Amsterdam begegnet Guusje dem Mann ihres Lebens – endlich! Sie sieht ihn langsam auf sich zugehen. Er ist gut aussehend, groß und schlank – genau wie sie. Guusje hat die Maße 90-60-90. Sie steht auf einer Brücke und fächelt sich Luft zu. Vom langen Warten ist ihr schon ganz heiß. Warum braucht er nur so lange, um zu ihr zu kommen? Ungeduldig tippt sie mit den Fingernägeln auf das Brückengeländer. Dann formt sie ihre Hände zu einem Trichter und ruft ihm zu, er möge sich beeilen. Aber irgendetwas hält den Mann ihres Lebens davon ab, die letzten Schritte bis zur Brücke weiterzugehen. Guusje kann nicht genau sagen, was es ist. Da klingelt der Wecker, und Guusje erwacht.

Sie zieht sich die Bettdecke über den Kopf. Sie will nicht aufstehen. Sie wiegt neunzig Kilo. In einer halben Stunde hat sie einen Vorstellungstermin in einer Parfümerie, wo sie sich als Verkäuferin beworben hat. Verkäuferinnen in Parfümerien dürfen nicht schön sein, hat man ihr gesagt, und: Sie hätte gute Chancen. Guusje würde lieber schön sein, als diese Stelle zu bekommen. Sie hasst ihren Körper. Ihr Blick fällt auf das Messer auf ihrem Nachttisch. Sie nimmt es, drückt die Klinge tief in ihren Unterbauch – und erwacht.

Guusje reibt sich die Augen. Sie sitzt am Küchentisch, vor sich eine umgestürzte Bierflasche. Mühsam rekonstruiert sie die letzte Nacht. Ach ja, sie hat wieder einmal zu tief ins Glas geschaut. Sie streicht sich die roten Locken aus dem Gesicht und gähnt, dass ihre Kiefer knacken.

Wenn wir träumen können, dass wir aufwachen, wie können wir dann wissen, dass wir *wirklich* aufgewacht sind? Wer sagt uns, dass das Klingeln des Weckers Realität ist und kein Traum? Wie kommen wir dazu zu glauben, wir würden jeden

Tag aufwachen? Wer weiß, ob wir überhaupt *jemals* aufgewacht sind?

Wie können Sie herausfinden, ob das, was Sie Tag für Tag
erleben, wirklich wirklich ist – und nicht bloß ein Traum?
Solange Sie träumen, erscheint Ihnen alles, was in diesem
Traum geschieht, plausibel. Fliegende Häuser, sprechende
Hunde, reuige Banker: All das erscheint Ihnen vollkommen
normal. Erst wenn Sie erwachen, sind Sie in der Lage, die
Absurdität der Traumgebilde zu erkennen. Bloß weil Ihnen
Ihr Alltag plausibel und kohärent erscheint, muss das noch
lange nicht heißen, dass Sie ihn nicht träumen. Die Tatsache,
dass Sie von einer Entlassungswelle bedroht sind, könnte
sich zu einem späteren Zeitpunkt als köstlich abstrus erweisen. Dann nämlich, wenn Sie aufwachen und feststellen,
dass diese Tatsache nur geträumt war.

Während Sie dies lesen, schweift Ihre Aufmerksamkeit
vielleicht ab, und Sie erinnern sich an ein Buch, das Sie vor
einigen Jahren lasen, Sie erinnern sich, wo Sie es kauften
und mit wem. Aber könnte es nicht sein, dass Sie in dem
Moment, in dem Sie glauben, Ihre Vergangenheit zu rekon-
struieren, nur *konstruieren*? Ihr Leben, das schon ein paar
Jahrzehnte anzudauern scheint, könnte eben erst begonnen
haben. In einem Traum.

Wenn Sie sich selbst die Frage stellen, ob es sich bei Ihrem
Leben nicht um einen einzigen großen Traum handelt, könnten Sie allen, die diese Hypothese lächerlich finden, ent-
gegnen:

(Voraussetzung 1): »Wenn ich weiß, dass ich jetzt gerade X
tue, dann weiß ich, dass ich dies nicht träume.«

(Voraussetzung 2): »Ich weiß nicht, dass ich nicht träume,
dass ich jetzt gerade X tue.«

(Schlussfolgerung): »Deshalb weiß ich nicht, ob ich jetzt
gerade X tue.«

Ob dies allerdings die Gegner der Traumhypothese überzeugen könnte, ist fraglich. Denn mit dieser Argumentation verhält es sich ähnlich wie mit folgendem Gedankengang: Wenn Gregor der Arbeit fernbleiben würde, hätte er sich krank gemeldet. Er hat sich nicht krank gemeldet. Also wird er nicht der Arbeit fernbleiben. Tatsächlich bleibt Gregor aber (wie wir wissen) der Arbeit fern – jedoch nicht, weil er krank ist, sondern aufgrund seiner Verwandlung. Analog verhält es sich mit obiger Argumentation. In jedem Fall kann man einer solchen Schlussfolgerung nur dann zustimmen, wenn man auch bereit ist, ihre Voraussetzungen zu akzeptieren.

Es könnte sein, dass einer Ihrer Gegner versucht, Ihnen die Wirklichkeit des »Ichs« (das jetzt gerade X tut) zu beweisen, indem er sagt: »Ich denke, also bin ich.«

Die Gewissheit, die aus diesem Satz spricht, ist aber leider nur eine *momentane*. »Ich« kann nur immer *jetzt* diese Gewissheit haben. Die Tatsache, dass Sie jetzt gerade dabei sind zu denken, mag dafür sprechen, dass Sie als der/die, der/die Sie jetzt sind, tatsächlich existieren. Aber sie gibt keinen Aufschluss darüber, ob Sie auch weiterhin diese Person sein werden. Es könnte sein, dass Sie eines Tages aufwachen und sich in ein riesiges Ungeziefer verwandelt finden. Und niemand könnte Ihnen sagen, ob Sie ihre Verwandlung nur träumen. Oder?

Es gibt nichts Gutes
außer: Man tut es.

ERICH KÄSTNER

11 Das philosophische **Irr**en: Für eine Neuorientierung in der Ethik

Wenn unser Alltag plötzlich durch eine Lebenskrise unterbrochen wird, tauchen in uns Fragen auf, die von unserer permanenten Geschäftigkeit bisher verdeckt waren. Wir fangen an zu staunen: »Wer bin ich?« – »Wofür lebe ich?« – »Was im Leben ist eigentlich wirklich wichtig?« Oder: »Was für einen Sinn hat mein Leben – welchen sollte es haben?«

Um ins Philosophieren zu geraten, brauchen wir nicht erst die platonischen Dialoge durchgearbeitet zu haben. Das Leben selbst macht uns zu Philosophen – immer dann, wenn es besonders kompliziert, aussichtslos, unübersichtlich, verwirrend wird. Der Unterschied zwischen uns und den klassischen Philosophen besteht hauptsächlich darin, dass wir irgendwann meinen, eine endgültige Antwort auf unsere Fragen gefunden zu haben. Der klassische Philosoph dagegen nimmt jede Antwort zum Anlass, eine neue Frage zu stellen. Obwohl er ab und zu einen Geistesblitz hat, irrt er doch die meiste Zeit im Dunkeln umher. Weil er weiß, dass menschliches Wissen voller Irrtümer ist, macht er aus dem Irren eine Kunst – und heftet seinen neugierigen Blick überall dorthin, wo das Dunkel sich lichten könnte. Er hofft, eines Tages die ganze Wahrheit erblicken zu können. Und sei es auch nur für einen Moment.

Drei große Momente der Philosophiegeschichte bescherten uns Platon (ca. 428–348 v. Chr.), Immanuel Kant (1724–1804) und Ludwig Wittgenstein (1889–1951). Die Fragen, die sie umtrieben, waren: »Was ist?« – »Was kann ich erkennen?« Und: »Was kann ich verstehen?«

Was ist? Erleuchtung, Aufklärung, Existenz-Erhellung, Reflexion: Seit Platon das Licht der Sonne mit dem Licht der Wahrheit gleichsetzte, durchzieht die Lichtmetaphorik das westliche Denken. In seinem Werk *Der Staat* vergleicht Platon die Sonne mit dem menschlichen Auge. Er nennt das Auge das »sonnenartigste« aller Sinnesorgane. So wie die Sonne Ursache des Lichts ist, so ist das Auge Ursache dessen, was bei Lichte gesehen werden kann. Würde die Sonne nicht strahlen, könnte das Auge nichts erkennen, könnte der Mensch nur stumpfe Vermutungen über das, was ist, anstellen (als besäße er keine Vernunft). Aber die Sonne ist vom Himmel nicht wegzudenken, genauso wenig wie das Auge vom Gesicht. Es bleibt uns überlassen, ob wir es uns in der Dunkelheit des blinden Meinens bequem machen – oder ob wir versuchen wollen, das gleißende Sonnenlicht auszuhalten und das, was sich in ihm zeigt, zu erkunden. Wollen wir jenseits des Scheins, der uns umgibt, »das Wahre« finden, müssen wir den mühsamen Weg vom Reich der Schatten hin zur Sonne selbst antreten, zur Quelle allen *Seins* und allen Lebens. Laut Platon gibt es nur einen einzigen Weg, der zur Erkenntnis des Wahren führt: den Weg der Philosophie.

Dass die Philosophen seit Platon immer noch nicht am Ende dieses Weges angekommen sind, erklärt sich durch das philosophietypische Paradox: Wissen ist nur immer um den Preis des Nicht-Wissens zu haben. Je mehr Antworten, desto mehr Fragen. Je lockender das Licht, desto tiefer die Schatten.

Was kann ich erkennen? Kant ist die Leitfigur der philosophischen Aufklärung. Seine neuzeitliche Kritik am Platonismus lautet: Woher weiß man eigentlich, dass das Wahre (die Sonne) erkennbar ist? Und wie kann man sicher sein, dass das, was man zu erkennen meint, wirklich das Wahre *ist*? Kant will klären, ob und wie wir mit unserer »reinen«, das heißt erfahrungsunabhängigen (theoretischen) Vernunft, insofern sie nach Erkenntnis strebt, überhaupt etwas erkennen können. Platon leitet unsere Erkenntnismöglichkeiten von einer objektiven Wahrheit ab, die er mit dem Bild der Sonne gleichsetzt – bei Kant ist es genau umgekehrt: Unsere Erkenntnismöglichkeiten legen fest, was Gegenstand unseres Erkennens sein kann und was nicht. Das Licht der Erkenntnis kommt nicht mehr von oben, von jenseits des Verstandes, sondern aus ihm selbst. Denn laut Kant hat der erkenntnishungrige Philosoph zunächst nichts als seine Gedanken. Ob seinen Vorstellungen von der Wirklichkeit tatsächlich auch wirkliche Gegenstände entsprechen, muss er durch seine Verstandeskraft immer erst beweisen. Dementsprechend bescheiden ist die Erwartung, die Kant in die philosophische Aufklärung setzt. So schreibt er in der *Kritik der reinen Vernunft* (1781):

Der größte und vielleicht einzige Nutzen der Philosophie ist wohl nur negativ: da sie nämlich nicht als Organ zur Erweiterung, sondern als Disziplin zur Grenzbestimmung dient und, anstatt Wahrheit zu entdecken, nur das stille Verdienst hat, Irrtümer zu verhüten.

An anderer Stelle heißt es über die unendliche Odyssee des um Klarheit bemühten Denkers:

Das Land des Verstandes ist eine Insel und durch die Natur selbst in unveränderliche Grenzen eingeschlossen.

Es ist das Land der Wahrheit, umgeben von einem weiten und stürmischen Ozean, dem eigentlichen Sitz des Scheins, wo manche Nebelbank und manches bald wegschmelzende Eis neue Länder lügt und, indem es den auf Entdeckungen herumschwärmenden Seefahrer unaufhörlich mit leeren Hoffnungen täuscht, ihn in Abenteuer verflicht, von denen er niemals ablassen und sie doch auch niemals zu Ende bringen kann.

Dass Kant auf die Analogien »Wahrheit – Insel« und »Schein – Ozean« zurückgreift, um die Begrenztheit unseres Verstandes zu beschreiben, weist darauf hin, dass wir auch im *Ausdruck* unserer Gedanken, in unseren sprachlichen Möglichkeiten beschränkt sind. Tatsächlich beschreibt ja die Analogie zwischen dem Begriff »Wahrheit« und der Metapher »Insel« nur die Inselhaftigkeit der Wahrheit – und sonst nichts. Sie hilft uns nicht zu verstehen, was über diese Analogie hinausgeht.

Was kann ich verstehen? Aufgrund seiner Erkenntnis, dass Denken und Sprechen untrennbar verwoben sind, sieht der österreichische Philosoph Ludwig Wittgenstein seine Aufgabe darin, Sinnkritik im Medium der Sprache zu betreiben. Gedanken bestehen für Wittgenstein aus Sätzen. Die Philosophie soll diese Sätze klären, damit die Gedanken klar werden. Der Begründer der modernen *sprachanalytischen* Philosophie sieht sich einer grundsätzlichen Sprachverwirrung ausgesetzt:

Ein philosophisches Problem hat die Form: »Ich kenne mich nicht aus.«

Während Kant die Unbegrenztheit unserer Erkenntnismöglichkeiten bezweifelt, zweifelt Wittgenstein, ob es überhaupt einen sinnvollen Zusammenhang gibt zwischen der Welt, in der wir leben, und der Sprache, die wir gebrauchen, um diese Welt zu erklären.

Wittgenstein tritt an, um die Verwirrung unseres Denkens und Sprechens aufzulösen. Aber er sieht auch: Was wir nicht sagen können, können wir nicht denken, und was wir nicht denken können, darüber müssen wir schweigen. Wo es um das Undenkbare und Unsagbare geht – all das, was sich nicht mit den Kategorien »wahr« oder »falsch« erfassen lässt, was sich jenseits der Grenze der Sprache befindet, worüber man also schweigen muss –, ist der Philosoph mit seinen Instrumenten der Logik hilflos. Dazu gehört laut Wittgenstein der Bereich des Ethischen, der für ihn in einer (unmöglich zu erhellenden) Beziehung zum Mystischen und Religiösen steht. Über die Bedeutung seines Frühwerks *Tractatus logico-philosophicus* schreibt er in einem Brief:

(D)er Sinn des Buches ist ein ethischer ... Ich wollte nämlich schreiben, mein Werk bestehe aus zwei Teilen: aus dem, der hier vorliegt und aus alledem, was ich *nicht* geschrieben habe. Und gerade dieser zweite Teil ist der Wichtige ... Alles das, was *viele* heute *schwefeln*, habe ich in meinem Buch festgelegt, indem ich darüber schweige.

Für Wittgenstein ist Ethik keine Wissenschaft, sondern eine Tätigkeit. Wenn er von Ethik spricht, meint er damit nicht irgendeine philosophische Theorie oder Lehre, die sich mit moralischem Handeln befasst – sondern die Erkundung dessen, was das Leben lebenswert macht. Ethisches Handeln im Sinne einer steten Arbeit an sich selbst entspringt für ihn dem menschlichen Trieb, dem eigenen In-der-Welt-Sein einen Sinn zu geben. Statt uns an Wörtern wie »gut«, »richtig« oder »wertvoll« festzuhalten, sollen wir, meint Wittgenstein, lieber das Gute oder Richtige *tun*. Allerdings gibt es keine höhere Instanz, die uns diesbezüglich Orientierung geben könnte. Wir müssen aus unserem eigenen »Ich«, unserem ethischen Willen heraus selbst eine Antwort finden. Diese Antwort kann aber natürlich nicht aus Worten, sondern muss aus Taten bestehen. Die Faszination, *dass* es überhaupt eine Welt gibt, in der wir uns vorfinden, ist für Wittgenstein der mystische Ausgangspunkt unserer ethischen Vorstellungen. Von dort aus sind wir aufgerufen, »in der ersten Person« (aus unserer Ich-Perspektive heraus) die Welt zum Guten hin zu verändern, ohne uns erst durch bestimmte Rechtfertigungen oder Letztbegründungen abzusichern.

Wittgenstein mahnt: Uns muss klar sein, dass das Ethische – die Frage nach dem guten, moralischen Handeln und, damit verbunden, die Suche nach einem Sinn des Lebens – für jedes »Ich« etwas *Absolutes* ist, das nicht theoretisch beziehungsweise sprachlich fassbar ist. Das, was für uns einen absoluten Wert hat (unser Kind oder unser karitatives Engagement) ist von einer wissenschaftlichen Ebene aus gesehen von nur relativer Bedeutung, nur ein Beispiel von vielen. Es gibt keinen Mittelweg: Entweder wir betreiben Wissenschaft – oder wir versuchen, ethisch zu handeln. Und zwar, indem wir Verantwortung für unser Tun übernehmen, Mut zu konkreten Entscheidungen beweisen und uns »wahrhaftig« bemühen, unserem Leben einen Sinn zu geben. Dies ist allerdings nur dann möglich, wenn wir unsere Gedanken (Philosophie) und Handlungen (Leben) in jeder Situation einer ethischen Überprüfung unterziehen, unsere eigene Perspektive immer wieder hinterfragen und größtmögliche Offenheit für die Sichtweisen anderer bewahren.

Laut Wittgenstein ist es nicht nur das Wissen, das uns zur Wahrheit führt, sondern vor allem die Art und Weise, wie wir mit diesem Wissen umgehen. Dass wir hin und wieder Geistesblitze haben, ist großartig – aber es kommt nicht so sehr auf diese Einfälle selbst an, als vielmehr darauf, was wir damit machen. In diesem Sinne sind Denken, Sprechen und Schreiben mit dem Leben untrennbar verbunden. Mehr noch: »Erst muss man leben – dann kann man auch philosophieren.«

Das Leben aber ist voller Verwirrungen, die sich – anders als die der Sprache – nie ganz auflösen lassen. Vollständige Transparenz ist hier nicht zu haben. Wenn wir herausfinden wollen, welches die rechte Art zu leben ist, müssen wir uns trauen, vom rationalen Verstehen-Wollen abzuirren und gegen die Grenze der Sprache anzurennen. Nur dann haben wir eine Chance, nicht nur gute Denker, sondern auch gute Menschen zu werden. In diesem Sinne ist auch Wittgensteins Kampfansage an jede rein akademische Philosophie zu verstehen, die er in einem Brief so formuliert:

Was nützt es, Philosophie zu studieren, wenn alles, was es dir bringt, darin besteht, mit einiger Plausibilität über irgendwelche abstrusen Fragen der Logik etc. zu reden & wenn es dein Denken über die wichtigen Fragen des Alltags nicht verbessert, wenn es dich nicht gewissenhafter macht ...

Wenn Fragen der Ethik in den Bereich des Unsagbaren gehören, der jenseits dessen liegt, was Wittgenstein sprachlich sinnvolle Sätze nennt, was kann dann die Philosophie dazu überhaupt noch Erhellendes beitragen?

Dieser Herausforderung stellt sich der jüdische Philosoph und Talmud-Gelehrte Emanuel Lévinas (1905–1995). Er beginnt gewissermaßen dort, wo Wittgenstein aufhört: beim Schweigen des Philosophen angesichts dessen, was die logische Analyse übersteigt. Ähnlich wie Wittgenstein sträubt sich Lévinas gegen die Vorstellung, man könne moralisches Handeln in ein theoretisches System einpassen. Wie Wittgenstein geht es ihm darum, uns an die Grenzen des Verstehens zu führen – dorthin, wo die Orientierung an sicheren Erkenntnissen wegfällt. Lévinas philosophiert aus der Überzeugung heraus, dass nichts mit letzter Sicherheit gewusst werden kann, dass sich sämtliche Letztbegründungsversuche im Kreis drehen. Er meint: Alle Ansprüche des Menschen auf Wahrheit haben letztlich die Form: Es ist wahr, weil es wahr ist. Dementsprechend stellt er uns mit seiner Philosophie weniger eine Lehre als einen Raum zur Verfügung, den wir selbst mit unseren persönlichen Erfahrungen füllen müssen. Sein Hauptanliegen ist es, uns von Tendenzen des Egoismus, der Selbstisolation, Selbstgerechtigkeit und Gleichgültigkeit zu befreien. An die Stelle des philosophisch aufgeklärten, selbstbestimmten, aber isolierten Individuums setzt er die quasi-religiöse Vision eines Menschen, der freiwillig und ohne zu zögern Verantwortung übernimmt.

Was wir Wahrheit, Wissen und Verständlichkeit nennen, ist nichts angesichts der »ethischen Notwendigkeit«, sich in unbedingter und absoluter Weise verantwortlich zu zeigen. Noch bevor wir für uns selbst verantwortlich sind, so Lévinas' radikale Sicht, sind wir für »den anderen« verantwortlich. Damit meint er nicht bloß den Fremden, der eine andere Sprache spricht, einer anderen Kultur angehört oder anders denkt als wir. Der andere ist vielmehr der, der alles andere als »Ich« ist und sich deshalb »meinem« Verstehen entzieht. In Lévinas' Worten:

Einem Menschen begegnen heißt, von einem Rätsel wachgehalten werden.

Nicht unsere Selbstzentriertheit macht uns menschlich, sondern unsere Beziehung zum anderen. Tatsächlich appelliert der andere an unsere Menschlichkeit, sobald wir in seiner Nähe sind. Allerdings nicht, indem er *erklärt*, weshalb wir uns ihm gegenüber freundlich und verantwortlich verhalten sollten. Sondern indem er uns einfach sein *Gesicht* zuwendet. Wie Lévinas in einem Interview in seinem Gesprächsbuch *Ethik und Unendliches* sagt, kann man mit einem Gesicht letztlich nur ethisch in Beziehung treten:

> Der beste Weg, dem anderen zu begegnen, ist der, nicht einmal seine Augenfarbe zu registrieren! Wenn man bemerkt, welche Augenfarbe er hat, ist man nicht (wirklich) in einer Beziehung zu ihm.
> Das Gesicht ist ausgesetzt, bedroht, als wollte es uns einladen, ihm Gewalt anzutun. Und gleichzeitig ist das Gesicht auch das, was uns verbietet zu töten.

Wenn das unbekleidete, schutzlose Gesicht eines anderen Menschen den sprachlosen Appell »Du sollst nicht töten!« beinhaltet, heißt das natürlich nicht, dass dieser Appell vor Mord schützt. Es heißt nur, dass Mord dadurch zu etwas *Bösem* wird. Die Botschaft »Du sollst nicht töten!« hat immer dieselbe Bedeutung, egal welches Aussehen, welchen Beruf, welches Einkommen oder welche Hautfarbe derjenige Mensch hat, dem das Gesicht gehört. Man kann sagen: Das Gesicht eines anderen Menschen ist eine ständige (symbolische) Erinnerung auch an unser eigenes Anderssein. Denn jeder Mensch ist gegenüber einem anderen ein Fremder. Niemand ist mit einem anderen Menschen vergleichbar oder gar identisch. Keiner kann das Anderssein des anderen je völlig begreifen. Und doch ist jeder auf einen anderen angewiesen. Deshalb kann es Menschlichkeit – und das heißt: Verantwortlichkeit – letztlich nur im Verbund mit Vorbehaltlosigkeit geben. Anstatt uns darin zu verbeißen, das Mysterium unseres Gegenübers lüften und eine gewisse Gleichartigkeit mit uns feststellen zu wollen, sollten wir uns ihm lieber verpflichten – und zwar freiwillig. Wie ist das gemeint?

Es geht nicht darum, auf den (sprachlosen) Appell des anderen, »Du sollst nicht töten!«, wie auf einen Befehl hin zu agieren. Ethisches Handeln muss vielmehr jedem Ruf, jeder Aufforderung vorausgehen. Anders ausgedrückt: Nur wenn wir immer schon bereit sind, dem anderen zu antworten, ihn zu schützen und für ihn zu sorgen – und zwar unabhängig davon, ob uns das etwas bringt, ob wir etwas zurückbekommen –, erweisen wir uns als menschlich. Nur dann werden wir der Menschlichkeit gerecht, die schon ursprünglich in uns angelegt ist. Der Vorrang, den die ursprüngliche freiwillige Verpflichtung dem anderen einräumt, klingt für Lévinas noch in der banalen Höflichkeitsfloskel »Bitte nach Ihnen!« nach. Auch die vermeintlich triviale Tatsache, dass es uns meist schwerfällt, einen anderen Menschen nicht wenigstens zu grüßen oder nicht mit ihm über das Wetter zu reden, wertet der Philosoph als Indiz, dass eine solche Verpflichtung jenseits allen Nutzwertdenkens immer schon im Menschen verankert ist.

Die Beziehung zwischen uns und dem anderen besteht aber natürlich nicht im luftleeren Raum. Um uns herum gibt es viele weitere Menschen, Familie, Nachbarn, eine ganze Stadt –, eine ganze Gesellschaft, die nach Regeln zwischenmenschlichen Umgangs verlangt. Die Unbedingtheit ethischer Verantwortung muss deshalb in eine für alle gültige und von allen anerkannte Form der Gerechtigkeit übersetzt werden: »Die Gleichheit aller wird von meiner Ungleichheit getragen, vom Überschuss meiner Pflichten über meine Rechte«, so Lévinas' provokante Formulierung.

Für ihn besteht das Problem ähnlich wie für Wittgenstein nun darin, dass die Logik der Sprache das Phänomen der absoluten Verantwortung nie fassen kann. Wir können aufschlussreiche Traktate über Ethik, Humanität und Verantwortung lesen, aber uns muss klar sein: Ethische Verantwortung heißt immer »handeln, bevor man versteht«. Die

Übersetzung des an sich Unübersetzbaren in einen Gesetzestext, der Gerechtigkeit für alle repräsentieren soll, ist nie genug. Denn die logische Sprache, auf der ein solches Werk immer basiert, muss innerhalb ihrer eigenen Grenzen bleiben (sonst würde sie unverständlich). Ganz im Gegensatz zum grenzüberschreitenden »guten Werk« des Verantwortlichseins.

Das Gute, so Lévinas, schließt jede Art von Gegenseitigkeit aus und verlangt deshalb »Undankbarkeit« vom anderen. Damit ist gemeint: Der andere darf nicht unter Rückgabezwang oder Bilanzierungsdruck stehen. Wenn wir zeigen wollen, dass wir *menschlich* verstanden haben, dürfen wir nicht *intellektuell* verstehen. Wir müssen unser Verstehen durch unser bedingungsloses Geben beweisen, so wie der andere es mit seiner Undankbarkeit tut.

Der Imperativ: »Du sollst nicht töten!«, der sich wortlos im Gesicht des anderen ausdrückt, muss zwar als Gesetz niedergeschrieben werden, wenn es gesellschaftliche Gerechtigkeit geben soll. Die für ein solches Gesetz typischen Wörter wie »legitim« oder »rechtens« haben aber mit einer freiwilligen ethischen Verpflichtung an sich nichts zu tun. Legitimität und Rechtmäßigkeit können immer nur Metaphern für das unsagbare Ethische sein.

Dass Menschlichkeit nicht logisch erklärt, sondern (wenn überhaupt) nur durch Metaphern und Analogien dargestellt werden kann, kommt einer Kriegserklärung an unseren aufgeklärten Verstand, unser Bedürfnis nach Ordnung und Orientierung gleich. Aber Worte haben nun einmal keinen Wert an sich – sie sind Auslegungssache. Einen Wert an sich hat nur unser unbedingtes ethisches Handeln.

Lévinas' und Wittgensteins Überlegungen zur Ethik sind nicht nur theoretisch interessant. Sie sind bedeutsam auch vor dem Hintergrund unserer heutigen, von Globalisierung und gleichzeitiger Verschiedenartigkeit der Kulturen bestimmten Lebenswirklichkeit. Vergegenwärtigen wir uns, dass sich seit der zweiten Hälfte des 20. Jahrhunderts zwei Drittel der Weltbevölkerung aus ihrer kolonialen Abhängigkeit befreit haben, um (zumindest nominell) unabhängige Staatsbürger zu werden. Seither beginnen diese Menschen ihre eigene Vergangenheit, ihre eigenen Mythen, ihre eigene Geschichte zu entdecken. Sie wehren sich dagegen, Objekte der Unterdrückung zu sein. Sie wollen sie selbst werden und ihren eigenen Weg gehen. Es gibt immer mehr Nationen und Gesellschaften, die nicht mehr auf ihre Identität und ihre Rechte verzichten wollen, was Konflikte, Kriege und Völkerwanderungen zur Folge hat.

Bemühen wir uns also, den sogenannten Fremden weder ängstlich noch gleichgültig zu begegnen. Versuchen wir, keine Bedenken wegen ihres Andersseins zu hegen. Gehen wir einfach auf sie zu. Fangen wir an, in ihrer Gegenwart unsere ethischen Fähigkeiten (neu) zu entdecken. Nehmen wir in Kauf, dass die Wege, die zum anderen führen, äußerst verschlungen sind, und dass es keine Abkürzungen gibt. Kein Buch, kein Wikipedia-Eintrag, kein Internet-Chat, kein Navigationssystem der Welt kann uns sagen, worauf es bei der Beziehung zu ihm ankommt. Wir können es nur selbst herausfinden – in der durch nichts zu belegenden Gewissheit, dass es sich in jedem Fall lohnt, menschlich zu sein.

Philosophisches Gedankenexperiment: Göttlich oder teuflisch?

Es ist vier Uhr morgens. In Lima wirft sich Consuela auf ihrem Bett hin und her. Am Abend zuvor wurde ihre siebzehnjährige Cousine ermordet. Zwei Männer überfielen sie in ihrer Wohnung und schlugen sie tot. Ohne irgendein Motiv.

Einfach so. Bisher hat Consuela immer an das Gute im Menschen geglaubt. Nun aber gehen ihr tausend Fragen im Kopf um, auf die sie keine Antwort findet. In ihrer Not wendet sie sich an Gott.

CONSUELA: »Warum hast du das zugelassen?«
GOTT: (schweigt)
CONSUELA: »Gerade jetzt, wo ich dich so dringend bräuchte, bist du nicht da. Wer bist du überhaupt?«
GOTT: (schweigt)
CONSUELA: »Man sagt, du seiest der Herr, unser gütiger, allwissender und allmächtiger Gott. Wenn es so ist, dann verstehe ich nicht, wie du zulassen konntest, dass meine unschuldige Cousine sterben musste. Wie kannst du zulassen, dass so viele Menschen durch brutale Gewalt zugrunde gehen? Wenn du wirklich gütig und allmächtig bist, wie kann es dann sein, dass du so etwas Schlimmes wie Kriege, Krankheiten und Naturkatastrophen nicht verhinderst?«
GOTT: (schweigt)
CONSUELA: »Okay. Vielleicht *würdest* du das Leid auf der Welt ja verhindern, wenn du könntest. Aber vielleicht kannst du es gar nicht, weil du gar nichts davon weißt. Aber wenn du gar nicht weißt, was auf diesem Planeten los ist, kannst du auch nicht allwissend sein.«
GOTT: (schweigt)
CONSUELA: »Ich weiß, was dein Schweigen mir sagen soll: Die Menschen müssen Leid erfahren, sonst können sie sich weder moralisch noch glaubensmäßig weiterentwickeln. Du ersparst uns zwar nicht die Begegnung mit dem Bösen, dafür lässt du uns frei entscheiden, ob wir dem Guten oder dem Bösen folgen wollen – oder ob wir so tun wollen, als gäbe es diese Entscheidungsmöglichkeiten gar nicht. Ich zum Beispiel habe mich ent-

schieden, Fischverkäuferin zu werden und nicht Drogenschmugglerin. Und auch jetzt liegt es an mir, ob ich den Mord an meiner Cousine rächen oder lieber für ihre Mörder beten will.«

GOTT: »Wenn zum Leben nicht auch Leid gehörte, wenn es nicht gälte, eine persönliche Einstellung zu diesem Leid zu wählen, hätte kein Mensch die Chance, über sich hinauszuwachsen. In diesem Sinne habe ich die beste aller möglichen Welten erschaffen. Oder siehst du das anders?«

CONSUELA: »Hättest du die Menschen nicht doch ein wenig menschlicher machen können? Muss es sein, dass wir in Jahrtausenden immer noch nichts dazugelernt haben?«

GOTT: (schweigt)

Wenn es Gott gibt, warum lässt er uns so oft allein, gerade dann, wenn wir ihn am meisten brauchen? Für Atheisten ist das Schweigen Gottes angesichts von Konzentrationslagern, Epidemien oder Völkermord der Beweis dafür, dass er gar nicht existiert. Gläubige sehen das anders. Für sie besteht kein Zweifel, dass es einen allmächtigen, allwissenden Gott gibt. Deshalb sollten wir auch gar nicht erst versuchen, spitzfindig zu werden und uns einzubilden, wir könnten sein Schweigen auch nur ansatzweise deuten. Da Gott unendlich intelligent ist, wird er schon seine Gründe gehabt haben, warum er die Welt *so* schuf und nicht anders – Gründe, die unseren Spatzenhirnen verborgen bleiben. Was aus unserer Sicht unlogisch oder widersprüchlich erscheint, wird vom Standpunkt Gottes aus schon seine Berechtigung haben.

Den Atheisten könnten wir vorwerfen, dass sie sich für klüger als Gott halten, den Gläubigen, dass sie mehr wissen als unser Verstand. Werden wir je herausfinden, welche Position der Wahrheit näher steht?

Vielleicht ist es auch falsch, von Gott zu reden. Wenn es ein mit unendlichen Fähigkeiten ausgestattetes jenseitiges Wesen gibt, das die Welt, wie wir sie kennen, hervorgebracht hat, könnten wir es dann auch Teufel nennen? Angenommen, der Teufel existiert: Dann ärgert er sich sicher, dass wir nicht aufhören wollen, glücklich zu sein und unserem Leben einen Sinn zu geben. Es ist ihm unbegreiflich, wie wir angesichts der Schrecklichkeiten, denen er uns aussetzt, immer noch an das Gute glauben können. In seinen Augen stellen wir die verkehrten Fragen. Statt uns den Kopf darüber zu zerbrechen, warum es so viel Schlimmes auf der Welt gibt, sollten wir uns lieber einmal überlegen, warum es *nicht nur* Schlimmes gibt. Wenn wir annehmen, dass nicht Gott, sondern der Teufel die Welt erschaffen hat, ist es doch erstaunlich, dass es uns trotzdem immer wieder gelingt, glücklich zu sein und zumindest hin und wieder eine gute Tat zu tun – dass der Teufel dies nicht mit aller Kraft verhindert. Vielleicht tut er es deshalb nicht, weil er genau weiß, dass wir langfristig gesehen nicht dazu neigen, uns über das Glück anderer zu freuen oder uns den Edelmut eines anderen zum Vorbild zu nehmen. Eher quälen wir uns selbst und andere mit Neid und Eifersucht oder zahlen es denen heim, die sich vor unseren Augen so unerträglich moralisch verhalten. Natürlich gibt es auch solche unter uns, die nichts von der Missgunst ihrer Mitmenschen ahnen, nicht in einem Kriegsgebiet leben, nicht arm und auch nicht schwer krank sind und eine große Lebenszufriedenheit haben. Aber sie müssen immerhin mit der Tatsache fertigwerden, dass ihnen alles, was sie besitzen, am Ende brutal entrissen wird: Glück, Liebe, Geld und natürlich das Leben selbst. Wie wir es drehen und wenden, der Teufel kann sich letztlich immer ins Fäustchen lachen. Oder?

Wenn Sie an Gott glauben, glauben Sie dann auch an den Leibhaftigen?

Wenn Sie weder an Gott noch an den Teufel glauben, glauben Sie aber vielleicht an so etwas wie einen Sinn des Lebens. Wenn ja, meinen Sie wahrscheinlich auch, dass Sie selbst zu einem sinnvollen Leben beitragen können. Durch das, was Sie Ihren freien Willen nennen, sind Sie anscheinend tatsächlich in der Lage, Entscheidungen zu treffen, die die Welt zum Besseren hin verändern. Sie glauben, Ihr Leben sei sinnvoll, wenn Sie sich dafür entscheiden, Ihre Gleichgültigkeit loszuwerden und Bösartigkeiten zu vermeiden – und im Übrigen versuchen, Ihre Zeit auf diesem Planeten zu genießen. Aber wer sagt denn, dass der Sinn des Lebens im Guten und Schönen liegt? Es soll ja auch Massenmörder geben, die ihr Leben als zutiefst sinnvoll empfinden ...

Vielleicht sind Ihnen solche Überlegungen zu mühsam. Vielleicht haben Sie es sich wie Wittgenstein und Lévinas längst abgewöhnt, Worte und Erklärungen für das »Unsagbare« zu finden – und beweisen Ihren Willen zum Guten und Sinnvollen lieber durch Taten. Nehmen wir aber einmal an, Sie haben Kinder im Grundschulalter, die Ihre edle Lebensführung nicht ganz nachvollziehen können und nach (logischen) *Gründen* verlangen. Müssten Sie dann nicht Ihr Schweigen brechen?

Nicht eher, als bis wir verloren sind,
mit anderen Worten, bis wir die Welt verloren haben,
fangen wir an, uns selbst zu finden
und gewahr zu werden, wo wir sind und wie endlos
ausgedehnt unsere Verbindungen sind.

HENRY DAVID THOREAU

Epilog
Ende der **Irr**fahrt – und Neubeginn

Als Odysseus nach zehn Jahren Trojanischem Krieg und
zehn Jahren Irrfahrt an der Küste Ithakas strandet, kennt er
seine Heimat nicht wieder. Athene hat die Insel in dichte
Nebel gehüllt. Während seiner langen Abwesenheit hat sich
zu Hause einiges verändert: In der Annahme, Odysseus sei
tot, haben hundertzwanzig Fürsten den königlichen Palast
okkupiert. Jeder von ihnen will die vermeintliche Witwe
Penelope heiraten und den Thron an sich reißen. Die Königin aber hört nie auf, an Odysseus' Rückkehr zu glauben.
Lange gelingt es ihr, die Bewerber hinzuhalten. Als diese
immer ungeduldiger werden, greift sie zu einer List. Sie verspricht, sich für einen der Fürsten zu entscheiden, allerdings erst, nachdem sie das Leichenhemd für Odysseus' alten
Vater gewoben hätte. Drei Jahre lang webt sie Tag für Tag –
und trennt das Gewobene Nacht für Nacht wieder auf, um
Zeit zu gewinnen. Währenddessen amüsieren sich die Freier
prächtig, trinken Odysseus' Wein, schlachten seine Schweine
und vergnügen sich mit seinen Dienstmägden.

Der König von Ithaka muss also erst einmal für Ordnung sorgen. Damit er von seinen Feinden nicht erkannt wird, verwandelt Athene ihn in einen alten, gebrechlichen Bettler. Zunächst wittert nur der alte Hund Argos seine wahre Identität. Dann identifiziert ihn seine alte Amme an einer Narbe. Odysseus gibt sich auch seinem Sohn Telemachos zu erkennen, der sein Verbündeter im Kampf gegen die Feinde werden soll – noch nicht aber Penelope. Die Königin wiederum ruft schließlich einen Wettbewerb aus: Sie wolle demjenigen Bewerber gehören, der Odysseus' Kunst, einen Pfeil durch zwölf Axtringe zu schießen, nachahmen könne. Ein paar der Freier versuchen, Odysseus' Bogen zu spannen. Vergeblich. Dann ergreift der vermeintliche Bettler selbst den Bogen, zielt und schießt. Die Pfeile schnellen erst durch alle zwölf Axtringe – und durchbohren dann die Freier. An der Seite des mit Speer und Schwert bewaffneten Telemachos rächt sich Odysseus an seinen Feinden. Am Ende ist der Ort des Geschehens voller Blut. Sämtliche Freier sind tot.

Obwohl Odysseus Penelope endlich wieder in seiner ganzen Schönheit gegenübersteht, bleibt sie misstrauisch. Wie kann sie nach so langer Zeit sicher sein, dass es sich bei diesem Mann tatsächlich um ihren einzigen, unverwechselbaren Gemahl handelt? Sie bittet ihre Mägde, das Ehebett aus dem Schlafzimmer zu holen. Odysseus protestiert: Das Bett *könne* gar nicht bewegt werden, da es aus dem tief verwurzelten Stamm eines Olivenbaums herausgeschnitzt worden sei, und zwar von niemand Geringerem als ihm selbst! Damit liefert er Penelope den Beweis, dass es sich bei dem ihr immer noch Fremden tatsächlich um den König handelt. In dem Augenblick, als Penelope vor Freude zu weinen beginnt, ist auch ihre eigene Odyssee beendet: Die langen Jahre auf dem Meer des Ungewissen sind vorbei.

Zum ersten Mal nach zwanzig Jahren setzt auch sie ihren Fuß auf festen Boden.

Odysseus ist derselbe wie früher – und ist es nicht. Er ist gleich und anders zugleich. Zwischen seinem Fortgang und seiner Rückkehr liegen zwei aufwühlende Jahrzehnte, die ihm das Vertraute fremd machten und das Fremde vertraut. Aber durch alle Wirrnisse hindurch leitete ihn die Erinnerung an sein Zuhause, an die familiäre Gemeinschaft mit Penelope, seinem Sohn und seinem Vater, an das, was am Ursprung seiner selbst stand. Nur weil er nie die Zusammenhänge vergaß, denen er entstammte, konnte er am Unbekannten und Bedrohlichen wachsen. Nur deshalb beherrschte er die Kunst des Irrens so vorbildlich.

Ganz im Gegensatz zu uns. Durch Sicherheitsdenken, Selbstverliebtheit, moralischen Relativismus und Fantasielosigkeit darauf konditioniert, jegliches Irren als Zeitverschwendung, als kostenintensiven Fehlschlag einzustufen, haben wir verlernt, im Ungewissen zu bleiben, das Unvorhersehbare, Uneindeutige nicht nur auszuhalten, sondern es auch neugierig zu bejahen.

Trotz unserer vielfältigen Möglichkeiten, schnell und sicher von A nach B zu gelangen, und ungeachtet der Hilfestellungen zahlreicher Experten sind wir bemerkenswert desorientiert. Allerdings nutzen wir die Desorientierung nicht wie Odysseus dazu, das Unbekannte zu erforschen und uns und unser Leben neu zu entdecken. Wir wissen ja oft nicht einmal, dass wir desorientiert sind. Erst wenn die Fragen »Wer bin ich?« und »Wofür lebe ich?« in uns aufsteigen und wir feststellen, dass wir darauf keine Antwort haben, erst, wenn uns die *Bedeutung* dieser Fragen klar wird, dämmert uns, dass unser Reisegepäck mit Fakten und Zahlen allein nicht hinreichend ausgestattet ist.

Unsere Identität scheint heute so wenig fest verwurzelt wie unser (Ehe-)Bett. Weil uns heute niemand mehr sagt, für welche Werte und Sehnsüchte wir leben sollen, weil wir oft nicht mehr wissen, wo oder was *Heimat* ist, wohin wir zurückkehren, worauf wir uns beziehen, tun wir uns auch schwer zu erkennen, wer wir selbst sind und was uns wirklich wichtig ist. Dies ist aber eigentlich kein Grund zur Verzweiflung. Der österreichische Schriftsteller und Philosoph Robert Musil (1880–1942) schrieb:

> Es hat sich ein Meer aus Klagen über unsre Seelenlosigkeit ergossen, über unsre Mechanisierung, Rechenhaftigkeit, Religionslosigkeit ... Man glaubt, einen Verfall heilen zu müssen ... (I)ch kenne kaum eine Darstellung, welche diese Gegenwart einmal als ein Problem, ein neues auffassen würde und nicht als eine Fehllösung ... Es erklärt sich leicht, dass eine Zeit, die das Neue, das sie selbst ist, nicht begriffen hat, schmerzlich glaubt, etwas verloren zu haben, das früher zum Besitz gehörte.

Laut Musil besteht kein Anlass zum Kulturpessimismus. Anstatt zu beklagen, dass alles immer schlechter, schwieriger, kränker, gefährlicher wird, sollten wir uns lieber mit dem befassen, was *ist*. Wir müssen uns nur die Mühe machen, genau hinzusehen. Dann können wir auch erkennen, dass das, was unsere Realität ausmacht, nicht nur aus Neuem, sondern auch aus *Vorgefundenem* besteht.

Odysseus fand nach Hause zurück, weil er wusste, woher er kam, welche Kultur er repräsentierte. Was man von uns nicht immer behaupten kann: Im Zeitalter der Globalisierung sind uns unsere kulturellen Wurzeln fremd geworden. Aber wenn wir nicht wissen, woher wir kommen, wissen wir auch nicht, wohin wir gehen. Kunstvolles Irren braucht nicht nur einen Endpunkt, sondern auch einen Anfang.

»Europa«, »Demokratie«, »Politik«, »Logik«, »Ethik«, »Theater«, »Kosmos«, »Philosophie«: Die Liste der griechischen Namen und Begriffe, die in der westlichen Welt bis heute lebendig sind, ist schier endlos. Trotz Multikulturalismus. Das Erbe der versunkenen altgriechischen Kultur durchdringt aber nicht nur unsere westlichen Sprachen. Es besteht aus vielen verschiedenen Überlieferungen, ganz konkret aus Tempelruinen und Bildwerken, und insbesondere auch in einer bestimmten Geisteshaltung dem Leben gegenüber. Die Vorstellung, dass Leben nicht nur erfahren und erlitten werden muss, sondern auch erforscht, erkannt, dargestellt und gestaltet werden kann, begegnet uns in den Mythen und Kunstwerken ebenso wie in der Philosophie – einer genuin griechischen Erfindung.

Für Sokrates und seine Nachfolger war die Philosophie nicht nur eine theoretische Disziplin, sondern auch eine *Lebensform*. Ziel war es, bewusst und frei zu leben, sich nicht zum Sklaven zu machen – weder der äußeren Umstände noch derer, die einen regieren, noch der eigenen Leidenschaften, Sorgen und Ängste – und außerdem für die Mitmenschen da zu sein. Die Philosophie sollte eins mit dem Leben sein. Philosophie als lehr- und lernbare Lebenskunst *(techné tou biou)* sollte dem Einzelnen helfen, sich selbst zu verwandeln, bis er das wird, was er ist: Mensch.

Wenn du eines Morgens nicht gern aufstehen magst, denke: Ich erwache, um als Mensch zu wirken.

Wenn wir diese Zeilen aus den *Selbstbetrachtungen* des Kaiser-Philosophen Marc Aurel (121–180 n. Chr.) lesen, denken wir: Und das soll ein hinreichender Grund sein, aus dem Bett zu steigen? Als Mensch wirken – nicht mehr? In einer Zeit, da man uns nicht nur ständig zur Vorsicht mahnt, sondern uns auch ständig zuruft: »Grenzen gab's gestern, also stellt euch nicht so an, seid perfekt, arbeitet hart, macht so viel wie möglich gleichzeitig, und wehe, ihr habt keinen Spaß dabei!«, kostet es natürlich Mühe, den Wert des Nur-

Mensch-Seins zu erkennen. Ein Mensch ist schließlich ein durch und durch unvollkommenes Wesen, ein »noch nicht festgestelltes Thier« (Nietzsche), das lernen muss, mit den Wirren des Lebens irgendwie zurechtzukommen.

Philosophische Lebenskünstler wie Marc Aurel ermutigen uns, unsere Unvollkommenheit zu akzeptieren und das Beste (Menschenmögliche) daraus zu machen. Sie inspirieren uns, das Dickicht des Lebens nicht als ein mit Expertenhilfe zu lösendes Problem zu betrachten, sondern als ein *Experiment*, zu dessen Gelingen wir gemeinschaftlich beitragen können. Dies ist dann möglich, wenn wir den Anspruch auf äußere Sicherheit aufgeben und uns dem lebenslangen Einüben (*askein*) innerer Sicherheit, das heißt *geistiger Freiheit*, widmen.

Schon als junger Mann folgte der Römer Marc Aurel den seit dem 4. Jahrhundert v. Chr. entwickelten Lehren der Stoiker, vor allem Epiktets (50–125 n. Chr.). Die Einsichten, Ermahnungen und Maximen, die Marc Aurel während strapaziöser Feldzüge gegen die germanischen Völker der Markomannen und Quaden täglich notierte, stellen gleichsam die Summe der Stoa dar, der langlebigsten aller griechischen Lebenskunstschulen. Die *Selbstbetrachtungen* waren ursprünglich nicht zur Veröffentlichung gedacht. Der Text ist nicht als ein schriftlicher Monolog oder ein Tagebuch zu verstehen, sondern als innerer Dialog mit sich selbst – als ein Mittel, inmitten von Kriegswirren und angesichts der Nähe des Todes die Verbindung zu sich und seinem »Wofür« zu halten.

In Zeiten größter Gefahr und Ungewissheit brauchte Marc Aurel weder einen Coach noch einen Psychotherapeuten. Ihm genügten ein Täfelchen oder ein Blatt und ein Schreibinstrument. Das Schreiben war für ihn eine meditative Übung, die ihn davor bewahrte, sich von seinen Ängsten verrückt machen zu lassen und ganz im Gegenwärtigen zu sein. Es erlaubte ihm, sich von den unmittelbaren Bedrohungen zu distanzieren und auf die Welt gleichsam aus einer kosmischen Perspektive herabzublicken ...:

> Wie von einer Anhöhe aus betrachte die unzähligen Volkshaufen mit ihren unzähligen Bräuchen, die Seefahrten nach allen Richtungen unter Stürmen und bei ruhiger See und die Verschiedenheiten zwischen den werdenden, mit uns lebenden und dahinschwindenden Wesen ... Ferner, wie viele nicht einmal deinen Namen kennen ... und wie weder der Nachruhm noch das Ansehen noch sonst etwas von allem, was dazu gehört, Beachtung verdient.

... einen kühlen Kopf zu bewahren ...:

> Wenn ein Gegenstand der Außenwelt dich sorgt, so ist es nicht jener, der dich beunruhigt, sondern vielmehr dein Urteil darüber.

... und sich als Teil einer höheren Ordnung wahrzunehmen:

> Man mag nun die Welt als ein Gewirr von Atomen oder ein geordnetes Ganzes ansehen, so steht doch so viel fest: Ich bin ein Teil des Ganzen, das unter der Herrschaft der Natur steht; und zugleich bin ich notwendig mit allen mir gleichartigen Teilen in engem Zusammenhang.

Für Marc Aurel ist klar: Man darf sich weder von Schicksalsschlägen noch von Ängsten noch von Meinungen anderer davon abhalten lassen, Mensch zu sein und Gutes für die Gemeinschaft zu tun, der man angehört. Nichts, was von außen kommt, ist an sich gut oder schlecht. Die Dinge sind gut oder schlecht nur, weil wir sie so bewerten. Epiktet folgend, sieht Marc Aurel unsere wichtigste Aufgabe darin, uns in jeder Situation kritisch zu befragen, was in unserer Macht steht und was nicht. Wenn wir uns darum bemühen, nach Maßgabe unserer Möglichkeiten moralisch zu handeln, tragen wir automatisch zum Gelingen unseres Lebens bei. Wenn wir dagegen versuchen, auf Dinge, die wir ohnehin nicht ändern können, Einfluss zu nehmen, werden wir zu Sklaven des Lebens. Wir sind dann nicht mehr in der Lage, Freiheit und Sicherheit *in uns* (unseren Gedanken) zu finden, sondern müssen sie im Außen suchen. In diesem Sinne dreht sich jede Zeile in Marc Aurels Text darum, die innere Freiheit immer wieder neu zu gewinnen – durch Besinnung auf unseren einzig wahren, von äußeren Einflüssen unangreifbaren Rückzugsort: den Geist *(nous)*.

Sich als Teil des Ganzen fühlen, die Dinge, so wie sie sind, akzeptieren, sich um Menschlichkeit und Tugendhaftigkeit bemühen, sich aufs Sein, nicht aufs Haben konzentrieren – dies sind Erkenntnisse, die keineswegs bloß typisch stoisch sind: Ähnlichkeiten finden sich zum Beispiel im chinesischen Denken oder im Buddhismus (ohne dass es eine direkte Berührung zwischen den fernöstlichen Weisen und den Stoikern gab). Aber die stoische Ausprägung dieser Menschheitserkenntnisse gehört eben zu dem in Europa verwurzelten kulturellen Erbe. Dieses Erbe gilt es auszugraben und für die heutige Zeit nutzbar zu machen – in einer globalisierten Welt, in der der Dialog zwischen philosophischen Traditionen aus West und Ost immer wichtiger wird.

Welche von den stoizistischen Lehren können wir auf unsere eigene Lebensreise mitnehmen? Was davon kann uns beim kunstvollen Irren helfen?

Erstens die Einsicht, dass es tatsächlich möglich ist, sich auch im Unsicheren und Ungewissen zu Hause zu fühlen. Dann nämlich, wenn wir uns darin üben, Halt im Geistigen zu finden. Wenn wir aus unserer inneren Festigkeit heraus in einen kontinuierlichen, interessierten Austausch mit uns selbst und unseren Mitmenschen treten. Wenn wir uns in *Beziehung* zur Welt setzen. Nur so lernen wir auch, worauf es wirklich ankommt. Denn, so Marc Aurel:

> Wer nicht weiß, was die Welt ist, der weiß auch nicht, wo er lebt. Wer aber den Zweck seines Daseins nicht kennt, der weiß weder, wer er selbst, noch was die Welt ist. Wem aber diese Kenntnis fehlt, der kann auch seine eigene Bestimmung nicht angeben.

Um aber überhaupt Klarheit über uns selbst und unser »Wofür« gewinnen zu können, müssen wir es allerdings wagen, das Vertraute zu verlassen. Woher aber den *Mut* dazu nehmen? Indem wir uns von unserer Fixierung auf Ergebnisse und Effizienz lösen, also von dem, was im Zweifelsfall sowieso nicht in unserer Macht steht. Dies wäre die zweite Einsicht, die wir auf unsere Reise mitnehmen können. Machen wir uns klar, dass es mehr um die *Absicht* geht, irgendwann ans Ziel zu gelangen, und viel weniger um die Schnelligkeit, mit der wir dort eintreffen. Wenn wir die Wegstrecke betrachten, die wir bisher in unserem Leben zurückgelegt haben, stellen wir oft erstaunt fest, dass gerade die Umwege und Abwege das Spannendste und Fruchtbarste an diesem Leben waren – dass wir uns an das, was gerade *nicht* glattlief, am intensivsten erinnern, auch weil es uns selbst, unseren Urteilen und Wertvorstellungen überhaupt erst eine Kontur verlieh.

Dritte Einsicht: Der Sinn des Lebens besteht nicht darin, Krisen und Scheitern zu vermeiden. Wenn das Leben ein Experiment oder eine Übung ist, kommt es vielmehr darauf an, ein Bewusstsein für Grenzen zu entwickeln. Wir müssen unsere Unvollkommenheit, Verletzbarkeit und Sterblichkeit akzeptieren und anerkennen, dass die Geheimnisse dieser Welt vielfältiger sind als unsere Erkenntnismöglichkeiten.

Nur dann, wenn wir einsehen, dass die Vergänglichkeit unseres Lebens keine Krankheit ist, die man heilen müsste, sondern Teil eines universellen Kreislaufs, haben wir eine Chance auf ein gutes, wirklich gelebtes Leben. Nur dann lernen wir, in jedem Tag gegenwärtig zu sein – jeden Augenblick nicht nur so zu leben, als sei es der letzte, sondern auch, als sei es der erste.

Wie lebten wir, wenn jeder Tag für uns der erste wäre? Alles wäre fremd und staunenswert. Wir würden fasziniert die Welt erkunden, anstatt schlechte Gewohnheiten zu pflegen, die Wertvolles zu Selbstverständlichem und Lästigem degradieren. Vor lauter Begeisterung über die unendlichen Wunder dieser Welt würden wir vergessen, was uns an ihr nicht passt. Wir würden weder über unsere finanzielle Situation klagen noch an unserem Partner herummeckern noch Nächte lang darüber brüten, warum wir so unzufrieden sind. Wir würden mit der *Neugier* von Kindern umherirren, immer wieder neue Begegnungen haben, ständig auf die Nase fallen und wieder aufstehen. Und gar nicht erst auf die Idee kommen, uns könnte etwas fehlen. Dies wäre die vierte Einsicht, die wir auf unsere ganz persönliche Odyssee mitnehmen sollten: Ein gutes Leben haben wir nicht dann, wenn wir es uns herbeisehnen, sondern wenn wir uns aufmachen, zu entdecken, worin es besteht. Nicht als Zuschauer, nur als Protagonisten unseres Lebens können wir herausfinden, was es bedeutet, ein Mensch zu sein. Nur dann fällt es uns wie Schuppen von den Augen, was – neben der Unvollkommenheit – die Größe eines Menschen ausmacht: seine Gabe, immer wieder neu anzufangen. Der vorgefundenen Realität eine sinnvolle Gestalt zu verleihen. Und nie die Hoffnung aufzugeben, dass sein großes Lebensexperiment am Ende gelingen wird, dass er – um unzählige Erfahrungen reicher – irgendwann dorthin zurückkehren wird, wo für ihn Heimat ist.

Noch zögern wir, die Segel zu hissen. Noch verbringen wir mehr Zeit mit Warten als mit Erkunden. Wie Penelope nachts auftrennte, was sie tagsüber gewebt hatte, so verwerfen wir immer wieder unsere kühnen Pläne, eine aktivere Haltung dem Leben gegenüber einzunehmen. Aber anders als Penelope haben wir keinen Grund dazu. Grundlos in derselben Position verharrend, äugen wir nach links und rechts und beobachten erst einmal, was die anderen tun.

Leider ist das Leben ziemlich kurz. Wir können es uns nicht leisten, darauf zu warten, dass ein Seefahrer an unsere Tür klopft und uns anfeuert, auf seinem Schiff mitzufahren. Wir müssen uns also selbst aufmachen und eine Mannschaft Gleichgesinnter rekrutieren. Dies dürfte nicht allzu schwierig sein. Nach Meinung der Stoiker sind die Menschen trotz ihrer Ungleichartigkeit doch alle Bürger eines Weltstaates – denn alle haben die Fähigkeit zur geistigen Freiheit. In diesem Sinne ist jeder frei geboren, niemand ist von Natur aus Sklave. Ein Sklave ist nur der, den seine Angst vor der Freiheit gefangen hält (und dies unabhängig von seinem gesellschaftlichen Rang). Gehen wir also auf die zu, die keine Sklaven sein wollen. Und fangen wir gemeinsam an, das Leben, von dem wir annahmen, es sei berechenbar, neu zu entdecken. Mutig und neugierig.

Literatur

Nachfolgend finden Sie aktuelle und, soweit verfügbar, kommentierte Ausgaben aller wesentlichen zitierten Quellen, ergänzende und weiterführende Literatur sowie Hintergrundinformationen zu den einzelnen Gedankenexperimenten.

Einleitung

Als Einführung in die Welt des griechischen Mythos eignet sich Jean-Pierre Vernant: *Griechische Mythen neu erzählt. Götter und Menschen.* Köln 2004.

Für eine detailliertere Beschäftigung mit mythologischen Themen empfiehlt sich Karl Kerényi: *Die Mythologie der Griechen.* 2 Bde., München 2008; oder: Robert von Ranke-Graves: *Griechische Mythologie: Quellen und Deutung.* Reinbek 2007.

Eine wertvolle Begleitlektüre zu den philosophischen Gedankenexperimenten ist R. M. Sainsbury: *Paradoxien.* Stuttgart 2010.

1 Achtung, Gefahr!

Der klassische Text zum Thema Risikobewusstsein als gesamtgesellschaftliches Phänomen ist Ulrich Beck: *Risikogesellschaft. Auf dem Weg in eine andere Moderne.* Frankfurt am Main 2003.

Eine kluge kulturphilosophische Analyse der Sicherheits-paradoxien und Risikodilemmata der Moderne liefert Hartmut Böhme: »Hilft das Lesen in der Not? Warum unsere Wirtschaftskrise eine Krise der Moderne ist.« In: *DIE ZEIT*, 12/2008.

Martin Heideggers Überlegungen zur Angst als Grundbefindlichkeit des modernen Menschen finden sich in seinem Hauptwerk: *Sein und Zeit*. Berlin 2008.

Wer sich den Katastrophenszenarien der Konsumgesellschaft auf belletristischem Wege nähern will, lese Don de Lillos Satire *Weißes Rauschen*. München 2004.

Zum Gedankenexperiment: Dass drei Menschenleben mehr wert seien als eins, ist die Auffassung des Utilitaristen Jeremy Bentham. Siehe hierzu Ottfried Höffe: *Einführung in die utilitaristische Ethik. Klassische und zeitgenössische Texte.* Tübingen 2008.

Gegen den Utilitarismus argumentiert Bernard Williams: *Kritik des Utilitarismus*. Frankfurt am Main 1979.

Für eine evolutionsbiologische Betrachtung der Frage, inwieweit unser (moralisches) Handeln egoistisch determiniert ist, siehe Richard Dawkins: *Das egoistische Gen*. Heidelberg 2006.

2 Narziss 2.0

Tom Wolfes Essay »The ›Me‹ Decade and the Third Great Awakening« findet sich in dem Magazin *New York* vom 23. August 1976, S. 26–40. Vom selben Autor stammt der satirische Roman über das New York der achtziger Jahre: *Fege-feuer der Eitelkeiten*. Reinbek 2005.

Ein kulturkritisches Standardwerk über die Auswüchse der spätkapitalistischen Gesellschaft ist Christopher Lasch: *Das Zeitalter des Narzissmus*. Hamburg 1999.

Friedrich Nietzsches *Die fröhliche Wissenschaft* (Frankfurt am Main 2000) enthält übermütig-unruhige Betrachtungen zu Religion, Kunst und anderen Streitfragen.

Zu Nietzsche siehe auch den Aufsatz »Nietzsches Vollendung des Atheismus« von Karl Löwith. In: *Nietzsche. Werk und Wirkungen*. Hrsg. von Hans Steffen. Göttingen 1974.

Die *Metamorphosen* von Ovid (Stuttgart 1995) zählen zu den bedeutendsten mythologischen Großepen der Antike.

In Andy Warhols *Philosophie des Andy Warhol von A bis B und zurück* (Frankfurt am Main 2006) findet der interessierte Pop-Art-Fan alles Wissenswerte über Liebe, Schönheit, Geld und Ruhm.

Zum Gedankenexperiment: Die Frage nach dem »Ich« betrifft das philosophische Problem der personalen Identität.

Verschiedene Ansätze, wie sich die Identität einer Person im Laufe der Zeit bestimmen lässt, finden sich in der Anthologie *Personale Identität*. Hrsg. von Michael Quante. Stuttgart 1999.

Zur Möglichkeit des doppelten Ich siehe auch Fjodor Dostojewskis Roman *Der Doppelgänger. Ein Petersburger Poem*. Frankfurt am Main 2003.

3   Gut oder böse oder egal

Aristoteles' *Nikomachische Ethik* (hrsg. von Ursula Wolf. Hamburg 2006) ist einer der Grundtexte der abendländischen Philosophie, der bis heute unser Denken über Mensch, Staat und Gesellschaft prägt.

Die *Summe der Theologie* von Thomas von Aquin (hrsg. von Joseph Bernhart. 3 Bde. Stuttgart 1985) ist eines der Hauptwerke des Scholastikers, der eine Synthese von Theologie und (aristotelischer) Philosophie anstrebte.

Eine lehrreiche populärwissenschaftliche Untersuchung des Menschen findet sich in Immanuel Kant: *Anthropologie in pragmatischer Hinsicht.* Hrsg. von Reinhard Brandt. Hamburg 2003.

Senecas scharfsinnige Abhandlung über den Zorn findet sich in Seneca: *Von der Kürze des Lebens / Über den Zorn / Von der Muße.* München 1977.

In seinen *Gedanken. Über die Religion und einige andere Themen* (hrsg. von Jean-Robert Armogathe. Stuttgart 1997) entlarvt Blaise Pascal schonungslos unsere Eitelkeiten und Zerstreuungssüchte.

Das *Handbüchlein der Moral* von Epiktet (Stuttgart 2008) hilft seit fast 2000 Jahren, sich aufs Wesentliche zu besinnen.

Eine Diskussion der Frage, wie im Zeitalter der Globalisierung mit moralischen Werten und Normen anderer umzugehen ist, liefert Gerhard Ernst: *Moralischer Relativismus.* Paderborn 2009.

Gegen den moralischen Relativismus argumentiert Thomas Nagel: *Das letzte Wort:* Stuttgart 1999.

Zum Gedankenexperiment: Ob die Moralität einer Person vom Zufall abhängig ist, ist eine viel diskutierte philosophische Frage.

Immanuel Kant vertritt in seiner *Grundlegung zur Metaphysik der Sitten* (Frankfurt am Main 2007) die Auffassung, dass Moral immun gegen Zufälle sei.

Die Gegenposition bezieht Bernhard Williams (er prägte den Begriff des »moral luck«) in: *Moralischer Zufall.* Königstein 1984.

4   Sisyphos oder die Absurdität alltäglicher Routine

Was Absurdität und Sinnlosigkeit mit Selbstverwirklichung zu tun haben, darüber schreibt Albert Camus in seinem existenzphilosophischen Schlüsselwerk *Der Mythos des Sisyphos. Ein Versuch über das Absurde.* Reinbek 2000.

Wie sich der Nihilismus als gesamtkulturelles Phänomen in der Orientierungslosigkeit und im »emotionalen Analphabetismus« junger Menschen widerspiegelt, analysiert Umberto Galimberti in seinem philosophischen Essay *L'ospite inquietante: Il nichilismo e i giovani.* Mailand 2007 (leider nur auf Italienisch verfügbar).

Inwieweit die allgegenwärtigen Angebote von Therapien und Ratgebern unser kulturelles und emotionales Leben beeinflussen, untersucht die Soziologin Eva Illouz in ihrem Werk *Die Errettung der modernen Seele. Therapien, Gefühle und die Kultur der Selbsthilfe.* Frankfurt am Main 2009.

Zum Gedankenexperiment: Systematische Darstellungen der Willensfreiheit-vs.-Determinismus-Problematik finden sich in Peter Bieri: *Das Handwerk der Freiheit. Über die Entdeckung des eigenen Willens.* Frankfurt am Main 2003 und in: *Willensfreiheit – eine Illusion? Naturalismus und Psychiatrie.* Hrsg. von Martin Heinze u. a. Berlin 2008.

Freunde des Existenzialismus können dem Problem des freien Willens mit Jean-Paul Sartre und seinem Buch *Der Existenzialismus ist ein Humanismus und andere philosophische Essays* (Reinbek 2000) auf den Grund gehen.

5 Irrfahrten – von Odysseus zu Jack Bauer

Nicht nur an Desorientierte wendet sich der Sammelband *Orientierung. Philosophische Perspektiven.* Hrsg. von Werner Stegmaier. Frankfurt am Main 2005.

Ebenso zauberhaft wie spannend ist die dreitausend Jahre alte *Odyssee* von Homer. Hamburg 2008 (eine Ausgabe in Romanform).

Max Horkheimers und Theodor W. Adornos *Dialektik der Aufklärung. Philosophische Fragmente* (Frankfurt am Main 2003) ist eines der wichtigsten Werke der Philosophie des 20. Jahrhunderts.

Staffel eins bis sieben der Echtzeitserie 24 kann man im Internet bestellen.

Freunden der Literatur ist James Joyces Roman *Ulysses* (Frankfurt am Main 2006) zu empfehlen, der auf 987 Seiten zusammenfasst, was am 16. Juni 1904 in Dublin geschah.

Zum Gedankenexperiment: »Achilles und die Schildkröte« ist das berühmteste philosophische Paradox überhaupt – es stammt von dem griechischen Philosophen Zenon von Elea. Siehe hierzu R. A. Sainsbury: *Paradoxien.* Stuttgart 2010

Einen Überblick über das zentrale philosophische Problem der Zeit liefert Thomas Müller (Hrsg.): *Philosophie der Zeit. Neue analytische Ansätze.* Frankfurt am Main 2007.

6 Dionysos und der King of Pop

Bernhard Waldenfels' *Grenzen der Normalisierung. Studien zur Phänomenologie des Fremden 2* (Frankfurt am Main 2008) erkundet die Spannungen zwischen Normalität und Anomalität.

Das Video *Thriller* ist in voller Länge auf www.mtv.de zu sehen.

Ein erhellender kulturkritischer Essay über den King of Pop ist der von Margo Jefferson: *Über Michael Jackson.* Berlin 2009.

Das Große vollständige Universal-Lexicon Aller Wissenschaften und Künste, welche bishero durch menschlichen Verstand und Witz erfunden und verbessert wurden von Heinrich Zedler (64 Bde.) gehört zum Bestand des Deutschen Museums in München.

Euripides' Stück *Die Bakchen* (Stuttgart 1998) führt den aussichtslosen Kampf der Rationalität gegen die Macht des Irrationalen vor.

Zum Dionysos-Mythos siehe auch Jean-Pierre Vernant: *Der maskierte Dionysos. Stadtplanung und Geschlechterrollen in der griechischen Antike.* Berlin 1996.

Zum Gedankenexperiment: Dass wir trotz unserer Kenntnisse über das Gehirn eines Lebewesens doch niemals dessen Erlebnisperspektive einnehmen können, ist das Thema von Thomas Nagels viel diskutiertem Aufsatz »Wie ist es, eine Fledermaus zu sein?«. In: *Analytische Philosophie des Geistes*. Hrsg. von Peter Bieri. Königstein 2007.

Zum Problem sogenannter *Zombies* siehe Keith Frankish: *Consciousness*, London 2005.

7 Verwirrung der Geschlechter

Sigmund Freuds Werk *Die Traumdeutung* (Frankfurt am Main 2009) stellt die erste umfassende Erkundung der Dimension des Unbewussten dar.

Zur Inter- und Transsexualität siehe die Fachzeitschrift *Psychotherapie im Dialog. Sexuelle Identitäten*. 1/2009. Hrsg. von Maria Borcsa u. a. (herzlichen Dank an Prof. Wolfgang Senf).

Über das Gesetz vom ausgeschlossenen Dritten und den Satz vom Widerspruch belehren Ernst Tugendhat und Ursula Wolf in ihrer Einführung *Logisch-semantische Propädeutik*. Stuttgart 1986.

Cindy Sherman: Photoarbeiten 1975–1995 (hrsg. von Zdenek Felix und Martin Schwander) gibt einen guten einführenden Überblick über die verschiedenen Schaffensperioden der Künstlerin.

Ein Klassiker der »Gender Studies« ist Judith Butler: *Körper von Gewicht. Die diskursiven Grenzen des Geschlechts*. Frankfurt am Main 1997.

Zum Gedankenexperiment: Die Probleme der Vagheit und der Unentscheidbarkeit von Grenzfällen werden auch »Sorites-Paradoxien« (von griechisch *sorós* = »Haufen«) genannt – sie gehen auf die griechische Antike zurück.

Siehe hierzu R. M. Sainsbury: *Paradoxien*. Stuttgart 2010; sowie Sven Walter: *Vagheit*. Paderborn 2005.

8 Medusa und die Medizin

Ciceros Schrift *Cato der Ältere über das Alter* (hrsg. von Harald Merklin. Stuttgart 2008) vereint Biographisches, Politisches und Philosophisches.

Zum Medusa-Mythos siehe Jean-Pierre Vernant: *Tod in den Augen. Artemis und Gorgo. Figuren des Anderen im griechischen Altertum*. Frankfurt am Main 1991.

Michels Foucaults Werk *Die Geburt der Klinik. Eine Archäologie des ärztlichen Blicks* (Frankfurt am Main 2008) zeichnet die sukzessive Entzauberung des Todes durch die moderne Medizin nach.

Leo Tolstois Erzählung *Der Tod des Iwan Iljitsch* (Köln 2008) zählt zu den Schätzen der Weltliteratur.

Für Leser mit wissenschaftlichem Interesse, die das Thema Tod und seinen Zusammenhang mit dem Problem der personalen Identität vertiefen möchten, empfiehlt sich J. J. Valberg: *Dream, Death and the Self*. Princeton 2007.

Zum Gedankenexperiment: Das Problem, dass wir über unsere künftige Nicht-Existenz beunruhigter sind als über unsere vorgeburtliche Nicht-Existenz, beschäftigte schon die altgriechischen Philosophen.

Thomas Nagel diskutiert Epikurs Lösungsversuch dieses Problems in seinen *Letzten Fragen*. Frankfurt am Main 2008.

Zum Rätsel von Vergangenheit, Gegenwart und Zukunft siehe auch J. J. Valberg: *Dream, Death and the Self*. Princeton 2007; und Thomas Müller (Hrsg.): *Philosophie der Zeit. Neue analytische Ansätze*. Frankfurt am Main 2007.

9 YPbPr-Ausgang oder HDMI-Buchse?

Eine avantgardistische philosophische Abhandlung über Irrsinn und Telefonie (inklusive Auszügen aus Thomas A. Watsons Autobiografie) ist Avital Ronells Werk *Das Telefonbuch. Technik, Schizophrenie, elektrische Rede*. Berlin 2001.

Seth Shulman rekonstruiert die Geschichte des ersten Telefons in seinem Buch *The Telephone Gambit. Chasing Alexander Bell's Secret*. New York 2008.

Der Essay »Louis Wolfson oder das Verfahren« findet sich in Gilles Deleuze: *Kritik und Klinik*. Frankfurt am Main 2000.

Johan Huizingas *Homo Ludens. Vom Ursprung der Kultur im Spiel* (Reinbek 2004) gehört zu den berühmtesten Werken der neuzeitlichen Kulturgeschichte.

Zum Gedankenexperiment: Um das spannungsvolle Verhältnis von Sein und Schein geht es schon im berühmten Höhlengleichnis in Platon: *Der Staat*. Hamburg 1989.

Eine Widerlegung der These, dass der Mensch möglicherweise bloß eine Illusion, ein »Gehirn im Tank« sei, versucht Hilary Putnam in seinem Werk *Vernunft, Wahrheit und Geschichte*. Frankfurt am Main 1990.

Hinweisen, dass wir vielleicht alle in einer Computersimulation leben, kann der interessierte Leser auf Nick Bostroms Webseite nachgehen: www.simulation-argument.com.

10   Der Irrtum vom geregelten Leben

Die düster-ironische Erzählung »Wakefield« findet sich in Nathaniel Hawthorne: *Rappaccinis Tochter und andere Erzählungen*, Zürich/München 1992.

Herman Melvilles: *Bartleby, der Schreiber. Eine Geschichte aus der Wall Street* (Frankfurt am Main 2004) gilt neben *Moby Dick* als eines der Meisterwerke des Autors.

Die Verwandlung (Köln 2005) von Franz Kafka sollte in keinem Bücherregal fehlen.

Zum Induktionsproblem siehe Franz von Kutschera: *Wissenschaftstheorie*. Bd. 1. Paderborn 1987.

Zum Gedankenexperiment: Die Traumhypothese war Bestandteil von René Descartes' systematischem Zweifeln – siehe seine *Meditationen über die Erste Philosophie*. Stuttgart 2008.

Zum Skeptizismus allgemein siehe Markus Gabriel: *Antike und moderne Skepsis zur Einführung*. Hamburg 2008.

11 Das philosophische Irren

Zu den großen Fragen der Philosophen siehe *Philosophie. Ein Grundkurs.* Hrsg. von Ekkehart Martens und Herbert Schnädelbach. Reinbek 1991.

Was in Ludwig Wittgensteins Werk *Tractatus logico-philosophicus. Logisch-philosophische Abhandlung* (Frankfurt am Main 1999) nicht gesagt werden kann, findet sich in seinen mündlichen (!) Äußerungen im *Vortrag über Ethik und andere kleine Schriften.* Hrsg. von Joachim Schulte. Frankfurt am Main 1989.

Ein nützlicher Sammelband ist *Der Denker als Seiltänzer. Ludwig Wittgenstein über Religion, Mystik und Ethik.* Hrsg. von Anja Weiberg. Düsseldorf 2001.

Emmanuel Lévinas Hauptwerke sind *Totalität und Unendlichkeit. Versuch über die Exteriorität.* Freiburg 2002 und *Jenseits des Seins oder anders als Sein geschieht.* Freiburg/München 1992.

Als Einführung eignet sich Emmanuel Lévinas: *Ethik und Unendliches. Gespräche mit Philippe Nemo.* Wien 1996.

Zur lévinasschen Ethik und ihrem Bezug zur amerikanischen Gegenwartsphilosophie siehe Rebekka Reinhard: *Gegen den philosophischen Fundamentalismus: Postanalytische und dekonstruktivistische Perspektiven.* München 2003.

Zum Gedankenexperiment: Schon die antiken Philosophen machten sich Gedanken über das unerklärliche Böse.

In seiner *Theodizee* (hrsg. von Herbert Herring. 2 Bde. Frankfurt am Main 1996) versucht Gottfried Wilhelm Leibniz eine

Antwort auf die Frage zu geben, wie ein allmächtiger, gütiger Schöpfergott das Übel auf der Welt zulassen kann.

Zum Verhältnis von moderner Vernunft und religiösem Bewusstsein siehe auch *Ein Bewusstsein von dem, was fehlt. Eine Diskussion mit Jürgen Habermas.* Hrsg. von Michael Reder und Josef Schmidt. Frankfurt am Main 2008.

Epilog

Musils Zitat stammt aus Robert Musil: »Der deutsche Mensch als Symptom«. In: *Gesammelte Werke in neun Bänden.* Hrsg. Adolf Frise. Bd. 8. Reinbek 1989.

Marc Aurels *Selbstbetrachtungen* (Frankfurt am Main 2008) begleiteten Helmut Schmidt durch den Zweiten Weltkrieg.

Den besten Lektüreschlüssel zu Marc Aurel liefert Pierre Hadot: *Die innere Burg. Anleitung zu einer Lektüre Marc Aurels.* Frankfurt am Main 1997.

Zur antiken philosophischen Lebenskunst siehe auch Pierre Hadot: *Philosophie als Lebensform. Antike und moderne Exerzitien der Weisheit.* Frankfurt am Main 2005; und Michel Foucault: *Ästhetik der Existenz. Schriften zur Lebenskunst.* Hrsg. von Daniel Defert und François Ewald. Frankfurt am Main 2007.

Webadressen

Philosophische Beratung, Vorträge und Seminare:

www.praxis-reinhard.de

Philosophische Denkwochen und Denksalons:

www.ad-fontes.net

Philosophische Gespräche im Rahmen
integrativer Onkologie:

www.klinik-silima.de

Danksagung

Unter anderen Umständen hätte es weitaus mehr Mühe gekostet und weitaus weniger Freude bereitet, dieses Buch zu schreiben. Für Unterstützung und Anerkennung danke ich meinen Eltern und den mir Nahestehenden, Michael Meller, Andrea Kunstmann, Familie von Pauer, Prof. Hans-Jürgen Möller und dem Team der Station C-O, Dr. Fritz Friedl und dem Team der Klinik Silima, Prof. Joachim Bauer, Prof. Hans Förstl, Susanne Conrad, Prof. Verena Kast und Prof. Manfred Cierpka, Prof. Giselher Guttmann, Prof. Michael Geyer, Niccolò Quintarelli, J. T. Laber, Susanne Holbe und der *Madame* sowie allen Lesern der *Sinn-Diät*.

Bildnachweis

S. 46: © Narcissus, c.1597–99 (oil on canvas), Caravaggio, Michelangelo Merisi da (1571–1610) / Palazzo Barberini, Rome, Italy / Bridgeman Berlin

S. 60: © akg-images/Erich Lessing; VG-Bildkunst, Bonn 2010

S. 79: © bpk | Staatliche Kunstsammlungen Dresden | Elke Estel | Hans-Peter Klut; VG Bildkunst Bonn, 2010

S. 97: © Cinetext Bildarchiv

S. 112: © bpk / Antikensammlung, SMB / Johannes Laurentius

S. 113: © Hulton Archive / Getty Images

S. 134: © Copyright the artist. Courtesy the artist Sprüth Magers Berlin London und Metro Pictures (*Cowboy*), Cindy Sherman, *Untitled #477*, 2008, Farbfotografie, Color photograph, 139,4 × 137,2 cm, 54 $^7/_8$ × 54 inches, 148,6 × 146,7 cm (gerahmt/framed), 58 $^1/_2$ × 57 $^3/_4$ inches (gerahmt/framed)

S. 135: © Copyright the artist. Courtesy the artist Sprüth Magers Berlin London und Metro Pictures (*Dessous*), Cindy Sherman, *Untitled Film Still #6*, 1977, black and white photograph, 10 × 8 inches

S. 136: © Copyright the artist. Courtesy the artist Sprüth Magers Berlin London und Metro Pictures (*Puppe*), Cindy Sherman, *Untitled #261*, 1992, color photograph, (image) 68 × 45 inches

S. 148: © Medusa, painted on a leather jousting shield, c.1596–98 (oil on canvas attached to wood), Caravaggio, Michelangelo Merisi da (1571–1610) / Galleria degli Uffizi, Florence, Italy / Bridgeman Berlin

Wie wir uns vom Un-Sinn befreien

**Mit Selbsttest:
Wieviel Philosophie
brauchen Sie für
ein erfülltes Leben?**

ISBN 978-3-453-28008-3

Das perfekte Leben – mit weniger wollen wir uns nicht zufrieden geben – ob es um den Partner, den Job oder die richtige Weltanschauung geht. Doch was, wenn wir bei der unermüdlichen Suche nach dem Optimalen das Leben selbst einfach verpassen? Die Sinn-Diät befreit vom Ballast unserer hohen Erwartungen und lehrt die Kunst, philosophisch zu leben.